财务审计研究

王宏伟　雷晓莉　编著

延边大学出版社

图书在版编目（CIP）数据

财务审计研究 / 王宏伟，雷晓莉编著 . -- 延吉：
延边大学出版社，2019.9

ISBN 978-7-5688-7935-4

Ⅰ.①财… Ⅱ.①王… ②雷… Ⅲ.①财务审计—研究 Ⅳ.①F239.41

中国版本图书馆 CIP 数据核字（2019）第 215114 号

财务审计研究

编　　者：王宏伟　雷晓莉
责任编辑：金钢铁
封面设计：达诺传媒
出版发行：延边大学出版社
社　　址：吉林省延吉市公园路 977 号　　邮　　编：133002
网　　址：http：//www.ydcbs.com　　E-mail：ydcbs@ydcbs.com
电　　话：0433-2732435　　传　　真：0433-2732434
制　　作：山东延大兴业文化传媒有限责任公司
印　　刷：延边延大兴业数码印务有限责任公司
开　　本：710mm×1000mm　1/16
印　　张：11
字　　数：196 千字
版　　次：2020 年 6 月第 1 版
印　　次：2020 年 6 月第 1 次印刷
书　　号：ISBN 978-7-5688-7935-4
定　　价：52.00 元

前　言

　　随着我国市场经济的深入发展和国内外经济环境的变化，财政、税收、会计和审计等相关法规制度不断的完善，对审计工作提出了更多、更高的要求，也促成了审计理论与实务在近年来的巨大进展。特别是 2006 年 2 月财政部颁布的 39 项企业会计准则和 48 项注册会计师审计准则，标志着审计理论和审计实务进入了一个全新的领域。

　　为了实现与国际审计准则的持续全面趋同，2010 年 9 月，审计署修订了《中华人民共和国国家审计准则》，自 2011 年 1 月 1 日起施行。2010 年 11 月，中国注册会计师协会对注册会计师审计准则进行了修订，新修订的注册会计师审计准则于 2012 年 1 月 1 日起执行。2013 年 8 月，中国内部审计协会发布了新修订的《中国内部审计准则》，并于 2014 年 1 月 1 日起施行。同时，为了适应社会主义市场经济发展需要，提高企业财务报表列报质量和会计信息透明度，财政部新发布了于 2014 年 7 月 1 日起实施的若干企业会计准则。

　　本书根据市场经济发展和会计改革的客观需要，充分借鉴国际审计惯例，按照会计准则与审计准则国际趋同的要求，反映我国企业财务审计理论和实践发展的现状，在总结其基本经验，重新架构现代企业财务审计的理论、内容和方法的基础上编写而成。全书共分为 9 章，分别对审计学的概念、体系、程序、方法，以及财务审计工作的各项具体内容，如财务报表审计，销售与收款循环审计，采购与付款循环审计，生产、存货与工薪循环审计，筹资与投资循环审计，利润审计以及最后的审计报告作出详细的阐述。

　　本书在编写过程参考了大量的文献资料，在此，谨向其作者表示诚挚的

谢意。由于编者水平有限，书中错误疏漏在所难免，恳请广大读者批评
指正。

编　者

2019 年 2 月

|目　录|

第一章　财务审计基础知识

第一节　企业财务审计概述

一、企业财务审计的定义

企业财务审计是指审计机构及审计人员按照《中华人民共和国审计法》及其实施条例、上市的规则，以及其他有关企业财务审计准则规定的程序和方法，对企业资产、负债、损益的真实性、合法性、效益性进行审计监督，对被审计单位会计报表反映的会计信息依法做出客观、公正的评价，形成审计报告，出具审计意见和决定的活动。

需要指出的是，企业财务审计是现代企业环境和现代审计环境相结合的产物，是一个发展的概念。企业财务审计的审计主体不仅包括社会审计组织，而且包括国家审计机关和企业内部审计机构，以及这些专门审计组织的专职审计人员。企业财务审计，明确地将其范围界定在国有企业及国有控股企业和其他企业的财务审计范畴之中，不是泛指对社会所有财务活动的审计，比如不包括对社会捐赠资金、社会保障资金、境外援助资金、境外贷款资金和国家对基本建设项目的固定资产投资等方面的审计。

二、企业财务审计的内容

财务审计是对被审计单位的会计资料及其所反映的财政收支、财务收支活动的真实性、正确性、公允性、合法性和合规性所进行的审计，又称传统审计或常规审计。根据被审计单位的不同，财务审计的范围主要包括对实行预算管理的行政事业单位财务收支的审计、基本建设项目的财务收支情况审计，以及对实行盈利管理的企业财务收支的审计等。

就企业财务审计而言，企业财务审计的对象主要包括两个方面：一是被审计单位的财务收支及相关经济活动；二是记载和反映这些经济活动的会计报表及相关资料。将企业财务审计对象的内容具体化，就构成了企业财务审计的内容。一般来说，企业财务审计的内容主要包括以下七项。

（一）财务报表审计

财务报表审计是对企业的资产负债表、利润表、现金流量表、所有者权益变动表、财务报表附注，以及相关的会计账簿和会计凭证的真实性、合法性进行的审计。

（二）资产审计

资产审计是对企业的各项资产进行的审计，包括对流动资产、长期股权投资、持有至到期投资、固定资产及其累计折旧、在建工程、无形资产和其他资产的安全完整、保值增值情况进行的审计。

（三）负债审计

负债审计是对企业的各项负债进行的审计，包括对流动负债和长期负债的情况进行审计。具体包括对短期借款、应付票据、应付账款、其他应付款、应付职工薪酬、应交税费、应付利润、长期借款、应付债券、长期应付款等项目的审计。

（四）所有者权益审计

所有者权益审计是对企业的各项所有者权益进行的审计，包括对实收资本、资本公积、盈余公积和未分配利润的真实性、合法性进行的审计。

（五）收入审计

收入审计是对企业的营业收入进行审计，通过对销货与收款循环的内部控制制度测试、营业收入的实质性测试，对营业收入的真实性、合法性进行审计。

（六）费用审计

费用审计是对企业的成本费用进行的审计，包括对产品成本的审计、营业成本的审计、税金及附加的审计和期间费用的审计。

（七）利润审计

利润审计是对企业利润的形成及分配项目进行的审计，包括对营业利润、利润总额、所得税费用的审计，以及对利润分配情况的审计。

三、企业财务审计的目标

企业财务审计的基本目的是通过审计来查错补漏，揭示和反映企业资产、负债和盈亏的真实情况，找出企业财务收支中各种违法违规问题，以保护财产的安全完整，维护财经法纪，促使被审计单位加强财政、财务管理和经营管理，提高经济效益。下面按注册会计师审计准则的规定，分别阐述企业财务审计的总目标、企业财务审计的认定及具体审计目标。

（一）企业财务审计的总目标

财务报表审计的目标是审计人员通过执行审计工作，对财务报表的下列方面发表审计意见：一是财务报表是否按照适用的会计准则和相关会计制度的规定编制；二是财务报表是否在所有重大方面公允地反映了被审计单位的财务状况、经营成果和现金流量。其中，前者是审计人员通过执行审计工作，对财务报表的合法性发表审计意见；后者是审计人员通过执行审计工作，对财务报表的公允性发表审计意见。

评价财务报表合法性的内容主要有：评价选择和运用的会计政策是否符合适用的会计准则和相关会计制度，并适合于被审计单位的具体情况；评价管理层做出的会计估计是否合理；评价财务报表反映的信息是否具有相关性、可靠性、可比性和可理解性；评价财务报表是否做出充分披露，使财务报表使用者能够理解重大交易和事项对被审计单位财务状况、经营成果和现金流量的影响。

评价财务报表公允性的内容主要有：评价经营管理层调整后的财务报表是否与审计人员对被审计单位及其环境的了解一致；评价财务报表的列报、结构和内容是否合理；评价财务报表是否真实地反映了交易和事项的经济实质。

（二）企业财务审计的认定及具体审计目标

认定是指被审计单位管理层对财务报表组成要素的确认、计量、列报做出的明确或者隐含的表达。认定与审计目标密切相关，审计人员的基本职责就是确定被审计单位管理层对其财务报表的认定是否恰当。审计人员了解认定，就很容易确定每个项目的具体审计目标，并以此作为评估重大错报风险，以及设计和实施进一步审计程序的基础。

1. 与各类交易和事项相关的审计目标

与各类交易和事项相关的审计目标主要包括以下五个方面。

(1) 发生。由发生认定推导的审计目标是已记录的交易是真实的。例如，如果没有发生销售交易，但在销售日记账中记录了一笔销售业务，则违反了该目标。发生认定所要解决的问题是管理层是否把那些不曾发生的项目记入财务报表，它主要与财务报表组成要素的高估有关。

(2) 完整性。由完整性认定推导的审计目标是已发生的交易确实已经记录。例如，如果发生了销售交易，但没有在销售日记账和总账中记录，则违反了该目标。发生和完整性两者强调的是相反的关注点。发生目标针对潜在的高估，而完整性目标则针对漏记交易（低估）。

(3) 准确性。由准确性认定推导的审计目标是已记录的交易是按正确金额反映的。例如，如果在销售交易中，发出商品的数量与账单上的数量不符，或是开账单时使用了错误的销售价格，或是账单中的乘积或加总数有误，或是在销售日记账中记录了错误的金额，则违反了该目标。准确性与发生、完整性之间存在区别。例如，若已记录的销售交易是不应当记录的（如发出的商品是寄销商品），则即使发票金额是准确计算的，也违反了发生目标。再如，若已入账的销售交易是对正确发出商品的记录，但金额计算错误，则违反了准确性目标，但没有违反发生目标。在完整性与准确性之间也存在同样的关系。

(4) 截止。由截止认定推导的审计目标是接近资产负债表日的交易记录于恰当的期间。例如，如果将本期交易推到下期，或将下期交易提到本期，均违反了截止目标。

(5) 分类。由分类认定推导的审计目标是被审计单位记录的交易经过适当分类。例如，如果将现销记录为赊销，将出售经营性固定资产所得收入记录为营业收入，则导致交易分类的错误，违反了分类目标。

2. 与期末账户余额相关的审计目标

与期末账户余额相关的审计目标，主要包括以下四个方面。

(1) 存在。由存在认定推导的审计目标是记录的金额确实存在。例如，如果不存在某顾客的应收账款，在应收账款试算平衡表中却列示了对该顾客的应收账款，则违反了存在目标。

(2) 权利和义务。由权利和义务认定推导的审计目标是资产归属于被审计单位，负债属于被审计单位的义务。例如，将他人寄售商品计入被审计单位的存货中，违反了权利目标；将不属于被审计单位的债务记入账内，违反了义务目标。

（3）完整性。由完整性认定推导的审计目标是已存在的金额均已记录。例如，如果存在某顾客的应收账款，在应收账款试算平衡表中却没有列入对该顾客的应收账款，则违反了完整性目标。

（4）计价和分摊。资产、负债和所有者权益以恰当的金额包括在财务报表中，与之相关的计价或分摊调整已恰当记录。

3. 与列报相关的审计目标

各类交易和账户余额的认定正确只是为列报正确打下了必要的基础，财务报表还可能因被审计单位误解有关列报的规定或舞弊等而产生错报。另外，还可能因被审计单位没有遵守一些专门的披露要求而导致财务报表错报。因此，即使审计人员审计了各类交易和账户余额的认定，实现了各类交易和账户余额的具体审计目标，也并不意味着获取了足以对财务报表发表审计意见的充分、适当的审计证据。审计人员还应当对各类交易、账户余额及相关事项在财务报表中列报的正确性实施审计。

（1）发生及权利和义务。将没有发生的交易、事项，或与被审计单位无关的交易和事项包括在财务报表中，则违反了该目标。例如，复核董事会会议记录中是否记载了固定资产抵押等事项，询问管理层固定资产是否被抵押，即对列报的权利认定的运用。如果抵押了固定资产，则需要在财务报表中列报，说明其权利受到限制。

（2）完整性。如果应当披露的事项没有包括在财务报表中，则违反该目标。例如，检查关联方和关联交易，以验证其在财务报表中是否得到充分披露，即对列报的完整性认定的运用。

（3）分类和可理解性。财务信息已被恰当地列报和描述，并且披露内容表述清楚。例如，检查存货的主要类别是否已披露，是否将一年内到期的长期负债列为流动负债，即对列报的分类和可理解性认定的运用。

（4）准确性和计价。财务信息和其他信息已公允披露，并且金额恰当。例如，检查财务报表附注是否分别对原材料、在产品和产成品等存货成本核算方法做了恰当说明，即对列报的准确性和计价认定的运用。

第二节　审计证据与审计工作底稿

一、审计证据

（一）审计证据的定义

审计证据是指审计人员为了得出审计结论、形成审计意见而使用的所有信息，包括财务报表依据的会计记录中含有的信息和其他信息。

财务报表依据的会计记录，一般包括对初始分录的记录和支持性记录，如支票、电子资金转账记录、发票、合同、总账、明细账、记账凭证和未在记账凭证中反映的对财务报表的其他调整，以及支持成本分配、计算、调节和披露的手工计算表和电子数据表。

可用作审计证据的其他信息，主要包括：审计人员从被审计单位内部或外部获取的会计记录以外的信息，如被审计单位会议记录、内部控制手册、询证函的回函、分析师的报告、与竞争者的比较数据等；通过询问、观察和检查等审计程序获取的信息，如通过检查存货获取存货存在性的证据等；自身编制或获取的可以通过合理推断得出结论的信息，如审计人员编制的各种计算表、分析表等。

财务报表依据的会计记录中包含的信息和其他信息共同构成了审计证据，两者缺一不可。只有将两者结合在一起，才能将审计风险降至可接受的低水平，为审计人员发表审计意见提供合理基础。

（二）审计证据的类型

1. 按审计证据的来源分类

按审计证据的来源，审计证据可分为内部证据、内外证据、外内证据和外部证据。

内部证据是指由被审计单位产生和处理的审计证据。例如，会计账簿、产量记录都属于内部证据，因为它们是由被审计单位制作、处理和保存的。这种证据证明力较低。

内外证据是指由被审计单位产生，但通过外部实体的活动加以处理的审计证据。例如，企业签发的支票必须由银行进行处理。

外内证据是指证据产生于外部，但由被审计单位进行处理或保存的审计证据。例如，接受货物或劳务而得到的发票就是外内证据。

外部证据是指那些源自外部实体，并且不经过被审计单位的经营系统就直接被审计人员获取的证据，这类证据的证明力最强。例如，向客户索取的询证函回函。

2. 按审计证据的形式分类

按照审计证据的形式，审计证据可以分为实物证据、书面证据、口头证据和环境证据。

实物证据是指表现为实物形式，审计人员可以通过观察和清点得到的证据。如现金、固定资产和存货等。

书面证据又称为文件证据，是表明被审计单位经济活动的各种书面记录。如会计报表、合同协议等。

口头证据是指审计人员通过口头询问或咨询等方式获取的证据。一般来讲，口头证据证明力较差，它本身并不足以证明事情的真相。

环境证据，又称状况证据，是指对企业产生影响的各种环境事实。如内部控制、企业管理人员的素质等。

3. 按审计证据的相互关系分类

按审计证据的相互关系，审计证据可分为基本证据、佐证证据和矛盾证据。

基本证据，也称基础证据，是指对被审计事项具有直接证明力的证据。例如，审查会计报表是否正确时，账簿是基本证据；审查利润分配是否正确时，股东大会决议和本年可分配利润是直接证据。

佐证证据，也称确证证据或旁证，是指能支持基本证据证明力的证据。例如，原始凭证可支持记账凭证的正确性，考勤记录可支持应付职工薪酬的正确性。

矛盾证据是指证明的内容与基本证据不一致或相反的证据。例如，某公司销售情况非常好，但报表上销售收入不高，这就为审计人员提供了线索。

4. 按审计证据取得的方式分类

按审计证据取得的方式，审计证据可分为现成证据和非现成证据。

现成证据是指被审计单位已有的，不需要审计人员加工的证据。如会计资料、财产记录、考勤记录等。

非现成证据是指经审计人员工作后所取得的记录。如分析性复核记录、应收账款询证函的回函等。

（三）审计证据的特性

审计人员应当获取充分、适当的审计证据，为审计结论提供合理的基础。审计证据的充分性是对证据数量的衡量；审计证据的适当性是对证据质量的衡量。

1. 审计证据的充分性

审计证据的充分性是指审计证据的数量足以支持审计人员的审计意见，是审计人员为形成审计意见所需审计证据的最低数量要求，但审计证据的数量不是越多越好，足够就行。审计人员需要获取的审计证据的数量受错报风险的影响，错报风险越大，需要的审计证据可能越多。

2. 审计证据的适当性

（1）审计证据的相关性。审计人员只能利用与审计目标相关联的审计证据来证明和否定管理当局所认定的事项。需要指出的是，第一，特定的审计程序可能只为某些认定提供相关的审计证据，而与其他认定无关。例如，检查期后应收账款收回的记录和文件可以提供有关存在和计价的审计证据，但是不一定与期末截止是否适当相关。第二，针对同一项认定，可以从不同来源获取审计证据或获取不同性质的审计证据。例如，审计人员可以分析应收账款的账龄和应收账款的期后收回情况，以获取与坏账准备计价有关的审计证据。第三，只与特定认定相关的审计证据并不能替代与其他认定相关的审计证据。例如，有关存货实物存在的审计证据并不能够替代与存货计价相关的审计证据。

（2）审计证据的可靠性。审计证据的可靠性就是我们通常所说的证明力，可靠性受其来源和性质的影响。主要表现在：第一，从外部独立来源获取的审计证据比从其他来源获取的审计证据更可靠；第二，内部控制有效时内部生成的审计证据比内部控制薄弱时内部生成的审计证据更可靠；第三，直接获取的审计证据比间接获取或推论得出的审计证据更可靠；第四，以文件、记录形式（无论是纸质、电子形式还是其他形式）存在的审计证据比口头形式的审计证据更可靠；第五，从原件获取的审计证据比从传真件获取的审计证据更可靠。

审计人员在按照上述原则评价审计证据的可靠性时，还应当注意可能出现的重要例外情况。例如，审计证据虽是从独立的外部来源获得，但如果该证据是由不知情者或不具备资格者提供，审计证据也可能是不可靠的；同样，如果审计人员不具备评价证据的专业能力，那么即使是直接获取的证据也可能不可靠。

（四）获取审计证据的方法

审计人员获取审计证据的方法，简称为审计取证方法，是狭义的审计方法。一般来说，审计人员可以采取检查、监盘、观察、查询及函证、重新计算、重新执行和分析性复核程序等方法获取审计证据。

二、审计工作底稿

（一）审计工作底稿的定义

审计工作底稿是指审计人员对制订的审计计划、实施的审计程序、获取的相关审计证据，以及得出的审计结论做出的记录。审计工作底稿是审计证据的载体，是审计人员在审计过程中形成的审计工作记录和获取的资料，它形成于审计过程，也反映整个审计过程。

审计工作底稿是审计人员从事审计工作中普遍使用的专业工具，编制或取得审计工作底稿是审计人员最主要的工作。审计工作底稿是形成审计结论、发表审计意见的直接依据，是评价考核审计人员专业能力和工作业绩，并明确其审计责任的主要依据，也是审计质量控制与监督的基础，它对未来审计业务具有参考备查作用。因此，审计人员必须重视审计工作底稿的编制，认真填写审计工作底稿。

（二）审计工作底稿的分类

根据审计工作底稿的性质和作用，可将其分为三类：综合类审计工作底稿、业务类审计工作底稿和备查类审计工作底稿。

（1）综合类审计工作底稿。综合类审计工作底稿是指审计人员在审计计划和审计报告阶段，为规划、控制和总结整个审计工作，并发表审计意见所形成的审计工作底稿。主要包括审计业务约定书、审计计划、审计报告未定稿、审计总结及审计调整分录汇总表等综合性的审计工作记录。

（2）业务类审计工作底稿。业务类审计工作底稿是指审计人员在审计实施阶段执行具体审计程序时所编制和取得的工作底稿。主要包括注册会计师在执行预备调查、控制测试和实质性测试等审计程序时所形成的工作底稿。

（3）备查类审计工作底稿。备查类审计工作底稿是指审计人员在审计过程中形成的，对审计工作仅具有备查作用的审计工作底稿。主要包括与审计约定事项有关的重要法律性文件、重要会议记录与纪要、重要经济合同与协议、企业营业执照、企业章程等原始资料的副本或复印件。

（三）审计工作底稿的要素

审计工作底稿是审计人员在审计过程中形成的审计工作记录和获取的资料，其形成方式有编制和取得两种。其中，自行编制的工作底稿应当全面记录审计计划的执行轨迹、审计证据的收集过程、职业判断的依据及过程和审计意见的形成过程等。大部分工作底稿应当由审计人员自行编制；由委托单位或第三方提供的资料，严格地讲，并不是审计工作底稿，只有在审计人员实施必要的审计程序并形成相应的审计记录后，才能将其作为审计工作底稿的重要组成部分。

一般来说，不同的审计程序会使审计人员获得不同性质的审计证据，由此，审计人员可能会编制不同格式、内容和范围的审计工作底稿。审计工作底稿的格式范例可参阅《中国注册会计师审计准则第 1131 号——审计工作底稿》，表 1-1 列示的是通用的审计工作底稿。

表 1-1　审计工作底稿

索引号：

被审计单位名称			
审计事项			
会计期间或者截止日期			
审计人员		编制日期	年　月　日
审计过程记录			
审计结论或审计查出的问题摘要及其依据			
处理处罚、意见建议、法律及法规依据：			
会计科目调整要求：			
复核意见			
复核人员		复核日期	年　月　日
共　页：第　页		附件：（共　页）	

尽管审计工作底稿的具体格式有所不同，但每一张审计工作底稿都必须同时具备以下基本要素：①被审计单位名称；②审计项目名称；③审计项目时点或期间；④审计过程记录；⑤审计标识及其说明；⑥审计结论；⑦索引号及页次；⑧编制者姓名及编制日期；⑨复核者姓名及复核日期；⑩其他应说明的事项。审计工作底稿各要素的主要功能如表1-2所示。

表 1-2　审计工作底稿各要素的功能

序号	要素名称	功　能
1	被审计单位名称	明确审计客体
2	审计项目名称	明确审计内容
3	审计项目时点或期间	明确审计范围
4	审计过程记录	记载审计人员所实施的审计测试的性质、范围、样本选择等重要内容
5	审计标识及其说明	方便工作底稿的检查和审阅
6	审计结论	记录审计人员的专业判断，为发表审计意见提供依据
7	索引号及页次	方便存取使用，便于日后参考及使用计算机处理
8	编制者姓名及编制日期	明确工作职责，便于追查审计步骤及顺序
9	复核者姓名及复核日期	明确复核责任
10	其他应说明的事项	提示影响审计人员专业判断的其他重大事项，提供更详尽的补充信息

（四）审计工作底稿的复核

由于一张单独的审计工作底稿往往由一名审计人员编制完成，难免会存在资料引用、专业判断和计算分类方面上的误差。因此，对已经编制完成的审计工作底稿，必须安排有关专业人员进行复核，以保证审计意见的正确性和审计工作底稿的规范性。

审计工作底稿的复核，在我国目前较为普遍采用的形式是三级复核制度，它对于提高审计工作质量，加强质量控制起到重要的作用。所谓三级复核制度，是指以主任会计师、部门经理（或签字注册会计师）和项目负责人（或项目经理）为复核人，依照规定的程序和要点对审计工作底稿进行逐级复核的制度。三级复核具体来说有以下三个级别。

1. 第一级复核

第一级复核也称为详细复核，是指由部门经理（或项目负责人）负责的，对下属各类注册会计师编制或取得的审计工作底稿逐张进行复核。其目的在于按照审计准则的规范要求，发现并指出问题，及时加以修正和完善。

2. 第二级复核

第二级复核也称为一般复核，是指由部门经理（或签字注册会计师）负责的，在详细复核的基础上，对审计工作底稿中重要会计账项的审计程序实施情况、审计调整事项和审计结论进行复核。一般复核的实质是对部门经理负责的详细复核的再监督，其目的在于按照有关准则的要求对重要审计事项进行把关、监督。

3. 第三级复核

第三级复核也称为重点复核，是指由主任会计师或指定代理人负责的，在一般复核的基础上对审计过程中的重大会计问题、重大审计调整事项和重要的审计工作底稿进行复核。重点复核是对详细复核结果的二次监督，同时是对一般复核的再监督，其目的在于使整个审计工作的计划、进度、实施、结论和质量全面达到审计准则的要求。通过重点复核后的审训工作底稿可作为发表审计意见的基础，可以进行归类管理。

（五）审计工作底稿的所有权和保管

审计工作底稿的所有权属于接受委托进行审计的会计师事务所。审计工作底稿一般分为综合类工作底稿、业务类工作底稿和备查类工作底稿。注册会计师应对审计工作底稿进行分类整理，形成审计档案。审计档案分为永久性档案和当期档案。会计师事务所应当建立审计档案保管制度，以确保审计档案的安全、完整。

会计师事务所应当建立审计工作底稿保密制度，对审计工作底稿中涉及的商业秘密保密。法院、检察院及其他部门依法查阅，并按规定办理了必要手续的不属于泄密，注册会计师协会对审计执行情况进行检查时查阅审计工作底稿也不属于泄密。因审计工作需要，并经委托人同意，不同会计师事务所的注册会计师可以按照规定要求查阅审计工作底稿。拥有审计工作底稿的会计师事务所，应当对要求查阅者提供适当的协助，并根据审计工作底稿的内容及性质，决定是否允许要求查阅者阅览审计工作底稿，以及复印或摘录有关内容。

第三节 财务审计的程序

所谓审计程序，是指审计人员实施审计工作的先后顺序。审计程序有广义和狭义两种，广义的审计程序是指审计机构和审计人员对审计项目从开始到结束的整个过程采取的系统性工作步骤；狭义的审计程序是指审计人员在实施审计的具体工作中所采取的审计方法。

一般来说，无论是社会审计，还是国家审计或内部审计，审计程序均包括审计准备、审计实施和审计终结三个阶段。但由于审计主体种类的不同，审计程序各个阶段的具体内容会有所不同。国家审计机关的审计程序，在《中华人民共和国审计法》及一系列审计规章中有明确的规定。中国注册会计师协会发布的《中国注册会计师审计准则》按照审计行业界公认的社会审计业务准则，制定了一系列具体准则，对社会审计的整个程序做出了规定，充分体现了社会审计工作的行业特点。内部审计工作程序既不同于社会审计，也与国家审计工作程序存在一定的区别，其三个阶段的具体内容主要取决于单位内部管理阶层根据需要做出的具体规定。本书主要以社会审计的程序为例介绍财务审计的程序。

就社会审计的程序而言，在审计准备、审计实施和审计终结三个阶段中，体现了社会审计自身的特点：在审计准备阶段，其主要工作是签订审计业务约定书，编制审计计划；在审计实施阶段，其主要工作是内部控制制度测评，运用审计方法获取审计证据，编制审计工作底稿；在审计终结阶段，其主要工作是完成审计外勤工作和出具审计报告等。具体来说，社会审计的程序主要包括以下七项基本的审计工作步骤。

一、签订审计业务约定书

注册会计师应当在了解被审计单位基本情况的基础上，由会计师事务所接受委托，签订审计业务约定书。这项活动是由会计师事务所与委托人共同完成的，据以确认审计、业务的受托与委托关系，明确委托的目的、审计范围及双方的责任与义务等事项，最终形成书面合约。审计业务约定书一旦签订便具有法定的约束力，因此签约活动必须按下列程序和要求进行。

（一）签约前业务洽谈

在签订审计业务约定书之前，会计师事务所应当委派注册会计师了解被审计单位的基本情况，初步评价审计风险。接受委托之前，应当了解被审计单位的业务性质、经营规模、组织结构、经营情况、经营风险、以前年度接受审计的情况、财务会计机构及工作组织，以及其他与签订审计业务约定书相关的基本情况。在初步了解情况，评价审计风险并充分考虑自身承受委托能力的基础上，与委托人就约定事项进行商谈。如洽谈审计的目的与范围，审计中所采用的程序和方法，完成的工作量与工作时限，要求客户提供的工作条件和配合的方法、程度，双方的权利与义务，收费标准和付费方式等。商谈双方就约定事项达成一致意见后，即可接受委托，正式签订审计业务约定书。

（二）签订审计业务约定书

提出业务委托并与社会审计组织签订审计业务约定书的可以是单位，也可以是个人。签订审计业务约定书应由会计事务所和委托人双方的法定代表人或其授权的代表签订，并加盖委托人和会计师事务所的印章。审计业务约定书应当包括签约双方的名称、委托目的、审计范围、会计责任与审计责任、签约双方的义务、出具审计报告的时间要求、审计报告的使用责任、审计收费、审计业务约定书的有效时间、违约责任、签约时间，以及签约双方认为应当约定的其他事项等内容。

二、编制审计计划

审计计划是指注册会计师为了完成年度会计报表审计业务，达到预期的审计目的，在具体执行审计程序之前编制的工作计划。审计计划包括总体审计计划和具体审计计划。总体审计计划是对审计的预期范围和实施方式所做的规划，是注册会计师从接受审计委托到出具审计报告整个过程基本工作内容的综合计划。具体审计计划是依据总体审计计划制订的，是对实施总体审计计划所需要的审计程序的性质、时间和范围所做的详细规划与说明。注册会计师在整个审计过程中，应当按照审计计划执行审计业务。

（一）编制审计计划前的准备工作

在编制审计计划前，注册会计师应当了解被审计单位的年度会计报表、合同、协议、章程、营业执照、重要会议记录、相关内部控制制度、财务会计机构及工作组织、厂房、设备、办公场所，宏观经济形势及其对所在行业的影响，以及其他与编制审计计划相关的重要情况。在编制审计计划前，注册会计师还应当查阅上一年度审计档案，关注上一年度的审计意见类型、审计计划及审计总结、重要的审计调整事项、管理建议重点、上一年度的或有损失，以及其他有关重要事项。如属于首次接受委托，注册会计师可以同被审计单位的有关人员就总体审计计划的要点和某些审计程序进行讨论，并使审计程序与被审计单位有关人员的工作协调。总之，注册会计师在编制审计计划之前，应当尽可能多地了解被审计单位的有关情况，并充分考虑其对本期审计工作的影响。

（二）审计计划的内容与编制

审计计划的繁简程度取决于被审计单位的经营规模和预定审计工作的复杂程度。因此，在编制审计计划时，注册会计师应当对审计的重要性、审计风险进行适当评估。在编制计划时，要特别考虑一些基本因素，如委托的目的、审计范围及审计责任，被审计单位的经营规模及业务复杂程度，被审计单位以前年度的审计情况，被审计单位在审计年度内经营环境、内部管理的变化及其对审计的影响，被审计单位的持续经营能力，经济形势及行业政策的变化对被审计单位的影响，关联方及关联交易，国家最近颁发的有关法规对审计工作产生的影响，被审计单位会计政策及其变更，对专家、内部审计人员及其他审计人员工作的利用，审计小组成员业务能力、审计经历和对被审计单位情况的了解程度等。

总体审计计划的基本内容包括被审计单位的整体情况，审计目的、审计范围及审计策略，重要会计问题及重点审计领域，审计工作进度及时间、费用预算，审计小组组成及人员分工，审计重要性的确定及审计风险的评估，对专家、内部审计人员和其他审计人员工作的利用，以及其他有关内容。

具体审计计划应当包括各具体审计项目的一些基本内容，如审计目标、审计程序、执行人及执行日期、审计工作底稿的索引，以及其他有关内容。具体审计计划的制订，可以通过编制审计程序表完成。

需要指出的是，在审计计划阶段，尤其要重视审计重要性的确定及审计风险的评估。重要性是指被审计单位会计报表错报或漏报的严重程度，这一程度在特定环境下可能影响会计报表使用者的判断或决定。审计风险由审计行为带来，是由于审计人员出具的审计报告与被审计项目真实情况不一致而承担审计责任的可能性。审计风险决策模型为：

审计风险（AR）＝固有风险（IR）×控制风险（CR）×检查风险（DR）

上式中，固有风险是指在不考虑被审计单位内部控制制度的情况下，会计工作本身发生重大错误的可能性；控制风险是指与被审计业务有关的内部控制未能预防和检查出账户金额或业务中重要错误的可能性，它可以通过相关测试进行测量；检查风险是指因审计人员和审计工作方面出现问题所导致的风险，如审计人员经验不足、责任心不强等导致的风险。

在审计中，重要性与审计风险之间呈相互作用的反向关系，即重要性水平越高，审计风险就越低；重要性水平越低，审计风险就越高。这里，重要性水平指的是金额的大小，是从会计报表使用者的角度来判断的。比如，一般来说，4万元的重要性水平比2万元的重要性水平高，如果重要性水平是4万元，则意味着低于4万元的错报与漏报不会影响会计报表使用者的判断与决策，审计人员仅仅需要通过执行有关审计程序查出高于4万元的错报或漏报即可。如果重要性水平是2万元，则意味着金额为2万元到4万元的错报或漏报会影响会计报表使用者的决策与判断，审计人员不仅需要执行有关审计程序查出金额在4万元以上的错报或漏报，而且要通过执行有关审计程序查出金额为2万元至4万元的错报或漏报。可见，重要性水平是4万元的审计风险比重要性水平是2万元的审计风险低。

在审计计划工作中，审计人员需要考虑两个层次的重要性水平，即会计报表层和账户余额及交易金额层。会计报表层就是总体重要性水平，会计报表的累计错报金额超过该层次的重要性水平即可能造成对会计报表使用者的决策误导，它直接影响注册会计师所签发的审计意见类型；账户余额及交易金额层是指将会计报表层的重要性水平分解，分配到各账户或交易层，又称为可容忍误差。判断重要性水平并将其分配至账户与交易层的直接作用是帮助审计人员确定对各项目审计时所需收集的审计证据数量的计划水平。

（三）审计计划的审核

审计计划应当由会计师事务所的有关业务负责人审核和批准。对总体审计计划，应审核审计目的、审计范围及重点审计领域的确定是否恰当，对被审计单位的内部控制制度的依赖程度是否恰当，对审计重要性的确定及审计风险的评估是否恰当，对专家、内部审计人员及其他审计人员工作的利用是否恰当等。对于具体审计计划，应审核审计程序能否达到审计目标，审计程序是否适合审计项目的具体情况，重点审计领域中审计项目的审计程序是否恰当，重点审计程序的制定是否恰当。

审计计划经会计师事务所的有关业务负责人审核后，应将审核和批准的意见记录于审计工作底稿。审计计划应当在具体实施前下达给审计小组的全体成员。注册会计师应当在执行中视审计情况的变化及时对审计计划进行修改、补充。审计计划的修改、补充意见，应经会计师事务所的有关业务负责人同意，并记录于审计工作底稿。

三、内部控制制度评测

注册会计师对被审计单位进行审计时，应当研究和评价被审计单位的相关内部控制制度，据以确定实质性测试的性质、时间和范围。对在审计过程中发现的内部控制制度的重大缺陷，应当向被审计单位报告，如有需要，可出具管理建议书。注册会计师主要对会计控制制度进行测试，即对控制环境、会计制度和控制程序等方面进行测试，然后据以确定内部控制可依赖的程度。为了取得满意的测试效果，注册会计师应正确地进行抽样和评价抽样结果。

四、运用审计方法获取审计证据

注册会计师在审计时，除运用审计抽样的方法进行控制测试和实质性测试获取审计证据外，还可以运用检查、监盘、观察、查询及函证、重新计算、重新执行、分析性复核程序等方法，以获取充分、适当的审计证据。对于异常变动项目，注册会计师应当重新考虑其所采用的审计程序是否恰当。必要时，应当追加适当的审计程序。注册会计师在获取证据时，可以同时采用上述方法。

注册会计师应当对所获取的审计证据进行分析和评价，以形成相应的审计结论；对所获取的审计证据在审计工作底稿中予以清晰、完整的记录；对审计过程中发现的、尚有疑虑的重要事项，应进一步获取审计证据，以证实或消除疑虑。如在实施必要的审计程序后，仍不能获取所需要的审计证据，或无法实施必要的审计程序，注册会计师应出具保留意见或无法表示意见的审计报告。

五、编制审计工作底稿

审计工作底稿是注册会计师在审计过程中形成的审计工作记录和获取的资料。审计工作底稿应如实反映审计计划的制订及实施情况，包括与形成和发表审计意见有关的所有重要事项，以及注册会计师的专业判断。

注册会计师编制审计工作底稿，应当包括被审计单位名称、审计项目名称、审计项目时点或期间、审计过程记录、审计标识及其说明、审计结论、索引号及页次、编制者姓名及编制日期、复核者姓名及复核日期，以及其他应说明的事项。审计工作底稿中由被审计单位、其他第三者提供或代为编制的，注册会计师除应注明资料来源外，还要在实施必要的审计程序过程中，形成相应的审计记录。

六、完成审计外勤工作

在审计报告编制之前，注册会计师应当向被审计单位介绍审计情况，如有必要，应以书面形式向其提出调整会计报表等建议。最后，注册会计师应当根据审计外勤工作获取的审计证据撰写审计总结，概括地说明审计计划的执行情况，以及审计目标是否实现。

七、出具审计报告

注册会计师应当在实施必要的审计程序后，以经过核实的审计证据为依据，形成审计意见，出具审计报告。审计报告应说明审计范围、会计责任与审计责任、审计依据和已实施的主要审计程序等事项；说明被审计单位会计报表的编制是否符合国家有关财务会计法规的规定，在所有重大方面是否公允地反映了被审计单位财务状况、经营成果和资金变动情况，以及所采用的会计处理方法是否遵循了一贯性原则。注册会计师根据情况，出具无保留意见、保留意见、否定意见和无法表示意见审计报告时，应当明确说明理由，并在可能的情况下，指出审计报告对会计报表反映的影响程度。

第四节　财务审计的方法

审计方法是指审计人员为了行使审计职能，完成审计任务，达到审计目标所采取的方式、手段和技术的总称。审计方法贯穿于整个审计工作过程，不只存在于某一审计阶段或某几个环节。审计工作从制订审计计划开始，直至出具审计意见书、依法做出审计决定和最终建立审计档案，都会运用审计方法。

审计方法有广义和狭义之分。其中，狭义的审计方法是指审计人员为取得充分有效的证据而采取的一切技术手段；广义的审计方法认为审计方法不应只是用来收集审计证据的技术，而应将整个审计过程中所运用的各种方式、方法、手段、技术都包括在审计方法的范畴之内。

一般来说，常用的审计方法有一般方法和技术方法。审计的一般方法是就审计工作的先后顺序和审计工作的范围或详简程度而进行划分的某种方法。前者如顺查法和逆查法；后者如详查法和抽样法。它们与审计取证没有直接联系，所以不是审计取证的具体方法。在审计工作中，要直接取得审计证据，还得依靠审计的技术方法。审计的技术方法是指收集审计证据时应用的技术手段。根据审计准则，审计人员在审计过程中可以采用检查、监盘、观察、查询及函证、重新计算、重新执行及分析性程序等审计方法来获取审计证据。

一、审计的一般方法

（一）顺序审查法

审计的一般方法按照审计工作的顺序和空间业务处理程序的关系，有顺查法和逆查法之分。

1. 顺查法

顺查法又称为正查法，它是按照会计业务处理程序进行分类审查的一种方法，即按照所有原始凭证的发生时间顺序进行检查，逐一核对。首先检查原始凭证，核对并检查记账凭证，再根据凭证对日记账、总分类账、明细分类账进行检查，最后根据总账和明细账核对会计报表和进行报表分析，沿着

"制证—过账—结账—试算"的账务处理程序，从头到尾进行普遍检查。

采用顺查法，由于审计工作细致、全面、完整、一步一个脚印地进行审阅核对，不易发生疏忽、遗漏等弊病。所以，对于内部控制制度不够健全，账目比较混乱，存在问题较多的被审计单位，采用顺查法较为适宜。其缺点是工作量大，费时费力，不利于提高审计工作效率及降低审计成本。

2. 逆查法

逆查法又称为倒查法，是按照会计业务处理的相反程序，即在检查过程中逆着记账程序进行检查的方法。通常先从记账程序的终端检查，从会计报表或账簿上发现线索，寻找疑点，然后逆着记账程序追根求源，进行检查。如从会计报表查到会计账簿，再查到记账凭证，最后查到原始凭证，即从审阅、分析会计报表着手，根据发现的问题和疑点，确定审计重点，再来审查、核对有关的账册和凭证，而不必对报表中所有项目一个一个地进行审查。

逆查法是一种被普遍采用的查证方法，采用逆查法，易于抓住重点，有目的地进行检查，可以集中精力检查主要问题，在时间和人力上都较为节省，有利于提高审计工作效率和降低审计成本。但是，审计工作人员必须具有一定的分析判断能力和实际工作经验，才能胜任审计工作。如果审计人员分析判断能力较差，经验不丰富，特别是初次从事审计工作的人员，往往在审阅报表过程中发现不了问题，或分析判断不正确，以致影响审计的效果。如果查证人员对检查的重点问题判断失误，就会造成轻重倒置。同时，由于采用有重点的检查方法，会计凭证和账簿记载的差错与弊端就不可能全部被揭露出来，容易发生遗漏。

必须指出，顺查法和逆查法由于各有优劣，因此，在审计实务工作中，应当注意将两者结合起来运用。即在顺查过程中可以采用一定的逆查法，逆查过程中也可以采用一定的顺查法。将两种方法结合使用，可以取长补短，增强审计效果和提高审计效率。

（二）范围审查法

审计方法按照审查经济业务资料的规模大小和收集审计证据范围的大小不同，又有详查法和抽样法之分。

1. 详查法

详查法又称详细审计，是指对被审计单位一定时期内的全部会计资料（包括凭证、账簿和报表）进行详细的审核检查，以判断评价被审计单位经济活动的合法性、真实性和效益性的一种审计方法。此法的优点是容易查出问题，审计风险较小，审计结果比较正确。缺点是工作量较大，审计成本较高，所以在实际工作中，除对有严重问题的、非彻底检查不可的专案审计，以及经济活动很少的小型企事业单位采用此法外，一般是不采用的。

2. 抽样法

抽样法又称抽样审计，是指从被审计单位一定时期内的会计资料（包括凭证、账簿和报表）中按照一定的方法抽出一部分进行审查，借以推断总体有无错误和舞弊的一种方法，进而判断评价被审计单位经济活动的合法性、真实性和效益性的一种审计方法。运用抽样法，若在所抽查的样本中没有发现明显的错弊，则对未抽取的会计资料可不再进行审查；反之则应扩大抽样的范围，或采用详查法。此法的优点是可以减少审计的工作量，降低审计成本。缺点是有较大的局限性，如果样本选择不当，就会使审计人员做出错误的结论，审计风险较大。为了避免这种情况的发生，采用这种方法时，审计人员通常要对被审计单位的内部控制制度进行评价，使审计结论有较大的可靠性。

在运用抽样法的过程中，审计人员应特别注意所选取的样本是否能够代表总体，否则就不能保证由抽样结果推断到总体特征这一过程具有合理性和可靠性。常用的样本选取方法有任意抽样、判断抽样和随机抽样等方法，审计人员应结合审计对象的具体情况选用恰当的方法。下面介绍利用随机数表进行随机抽样的方法。

利用随机数表进行随机抽样，叫随机数表法。随机数表法应用的具体步骤是：将调查总体单位依次进行顺序编号；在随机数表上任意规定抽样的起点和抽样的顺序；依次从随机数表上抽取样本单位的号码，凡是抽到编号范围内的号码，就是样本单位的号码，一直到抽满为止。下面通过例子来加以说明。

【例1-1】 注册会计师对某实业公司连续编号为1000～5000的现金支票进行抽样，现拟选择其中40张作为样本。随机数表如表1-3所示。要求：

21

如采用随机数表法选择样本，样本总体与表中前四位数对应，并且确定起点为第一列第一行，向下按列选取，第一列选取结束后，转入第二列并向下按列选取，依次进入第三、第四、第五列进行选取，请推断注册会计师选择的前 5 个样本分别是多少。

表 1-3 审计工作底稿各要素的功能

列＼行	1	2	3	4	5
1	37039	97547	64673	31546	99314
2	25145	84834	23009	51584	66754
3	98433	54725	18864	65866	76918
4	97965	68548	81545	82933	93545
5	78049	67830	14624	17563	25697
6	50203	25658	91478	08059	23308
7	40059	67825	18934	64998	49807
8	84350	67241	54031	34535	04093

解析： 第一步，先将现金支票进行连续编号。根据已知资料，现金支票的连续编号依次为 1000，1001，1002，……，5000。

第二步，在随机数表中任选一个数。根据本例要求，样本总体与表中前四位数对应，并且确定起点为第一列第一行，从起点开始按列选取，第一列选取结束后，转入第二列，依次进入第三、第四、第五列进行选取。

第三步，从选定的第一列第一行开始向下读数（读数的方向也可以是向上、向左、向右等，本例是向下读取样本），得到一个四位数 3703，由于 3703＜5000，说明号码 3703 在总体内，将它取出；继续向下读，得到 2514，由于 2514＜5000，说明号码 2514 在总体内，将它取出；继续向下读，得到 9843，由于 9843＞5000，将它去掉。按照这种方法依次向下，直到样本的 5 个号码全部取出，这样我们就得到一个容量为 5 的样本。所选的 5 个样本按顺序依次为 3703、2514、4005、2565、2300。

二、审计的技术方法

审计的技术方法是指注册会计师为了形成关于具体审计目标的审计证据

所应用的比较行为的方法和手段。获取审计证据是审计技术方法的运用目的，比较行为是审计技术方法的重要特征。常用的审计技术方法主要有以下七种。

（一）检查

检查是审计人员对审计记录和其他书面文件可靠程度的审阅与核对，主要包括以下两个方面。

1. 会计记录和书面文件的审阅

审计人员要对被审计单位的凭证、账簿、报表，以及其他书面文件进行审阅。通过审阅，找出问题和疑点，作为审计线索，据以进一步确定审计的重点和程序。具体来说，包括以下四个方面。

（1）会计凭证的审阅。会计凭证包括原始凭证和记账凭证，其中以审阅原始凭证为重点。在审阅原始凭证时，应注意以下几点：原始凭证所反映的经济业务是否符合国家的方针、政策、法令、制度，其内容是否合法、合理；原始凭证的格式是否规范，开具凭证的单位是否经过统一的工商登记和税务登记，开具凭证的单位名称和地址是否注明，凭证的编号是否连续，有否单位的公章和经手人的签章；原始凭证的项目，包括抬头人名称、日期、数量、单价、金额等是否填写齐全，数字计算是否正确，字迹有无涂改。在审阅记账凭证时，应注意以下三个方面：记账凭证上所注明的附件张数是否与所附原始凭证张数相符，记账凭证的内容是否与原始凭证相符；记账凭证的填制手续是否完备，有无制证人、复核人和主管人员的签章；记账凭证上所编制的分录，其应用的账户和账户对应关系是否正确。

（2）会计账簿的审阅。账簿包括总账、明细账、日记账和各种辅助账簿等。其中，以审阅明细账和日记账为重点。总账具有与明细账、日记账核对的作用，对其审阅一般发现不了问题。因为总账的登记依据主要是各种记账凭证汇总表，它所反映的是汇总数字，不容易据此发现问题。在审阅会计账簿时，应注意以下几点：各种明细账与总账有关账户的记录是否相符，有无重登和漏登情况；账簿记录是否符合记账规则，有无涂改和刮擦等情况，若账簿登记错误，是否按规定的错误更正办法进行更正；更换账页或启用新账簿时，应特别注意承上启下的数字是否一致；根据摘要内容，审阅账簿所登记的经济业务是否正常，如有疑问，应进一步核对凭证，对于那些容易发生问题的账户，如应付账款、应收账款等，审阅时应特别予以注意。

（3）会计报表的审阅。审阅会计报表时，应以审阅资产负债表、利润表、现金流量表等为重点。在审阅会计报表时，应注意以下方面：会计报表中应填写的项目，是否填写齐全，有无遗漏，有关项目的对应关系是否正确，特别是审阅资产负债表时，应注意资产总额与负债及所有者权益总额是否平衡，资产与负债各项目之间的对应关系是否正常等；会计报表的编制手续是否完备，有无编表人和审核人等的签字盖章；报表中的合计数、总计数等计算是否准确，应填列的数据有无漏填、漏列或伪造；会计报表的附注和说明也应予以审阅，因为附注是报表有关项目的补充说明，不可忽略。

（4）其他记录的审阅。其他记录虽然不是会计资料的重要组成部分，但有时也可从中发现一些问题作为审计线索，例如产品出厂证、质量检验记录，以及合同、协议等。

2. 会计记录的核对

审计人员还要对账表、账账、账证和账实进行相互之间的核对。通过核对证实双方记录是否相符，账实是否一致。如果发现有不符情况，应进一步采用其他审计方法进行跟踪审计。应核对的内容具体有以下四个方面。

（1）账表核对。这是指将报表项目与有关账簿记录进行核对，以查证报表指标的真实性和正确性。核对时，一般用账簿记录核对报表项目。但在采用逆查法的情况下则相反，应以报表项目来核对账簿记录。核对账表，主要核对报表金额是否与总账和明细账有关账户的金额相符，以及不同报表之间的有关金额是否相符。如果不符，则应用其他方法查找原因。

（2）账账核对。这是指将各种有关的账簿记录进行相互核对。如总账与明细账、日记账之间的核对。通过账账核对，查证双方记录是否一致，如不一致，则应进一步抽查凭证，进行凭证核对。对有些账簿记录，也应进行核对。如核对总账各账户的借方余额合计与贷方余额合计是否相等。如果不符，说明登账有错误，应进一步进行账证核对。

（3）账证核对。这是指以明细账和日记账的记录同记账凭证相核对。通过核对，证明所有凭证是否都已记入有关账簿，有无重记或漏记情况，以及账簿记录的内容、金额等是否与其作为记账依据的记账凭证相一致。一般来说，账账核对结果如为正常，可以不再进行账证核对。

（4）账实核对。这是指用明细账记录与实物相核对，以查明账存数与实存数是否相符，如果不符，应以实存数为准调整账面记录。核对时，可以由两人配合进行，即由一人读账，另一人对账，这样可以发现重登、漏登和差错等情况。对于已经核对无误的账目，审计人员应在原记录的右方做一定的标记，以免以后重复核对。对于核对不符的账目也应做标记，以便今后原审计人员或其他接替人员进一步加以审查。

通过核对，找出差错并分析其产生的原因：是由于工作不小心无意造成的，还是有意地弄虚作假，进行违法活动。对于后者，审计人员还应进一步采用其他审计方法进行查证核实。

（二）监盘

监盘是审计人员现场监督被审计单位各种实物资产及现金、有价证券等的盘点，并进行适当的抽查。对资产进行盘点是验证账实是否相符的一种重要方法。

盘点的方式有突击盘点和通知盘点。前者一般适用于现金、有价证券和贵重物品等的盘点；后者适用于固定资产、在产品、产成品和其他财产物资等的盘点。盘点对象如果散放在几个地方，应同时进行盘点，以防被审计单位有足够的时间移东补西。对已经清点的对象应做好标记，以免重复盘点。

一般来说，盘点工作应由被审计单位进行，审计人员进行现场监督。对于重要项目，审计人员还应进行抽查。但抽查时必须有原经管人在场，并做好抽查记录。盘点结束，审计人员应会同被审计单位有关人员编制盘点清单，并根据盘点的溢缺数调整账面记录。盘点清单可作为审计报告的附件。审计人员监盘实物资产时，应对其质量及所有权予以关注。

（三）观察

观察是审计人员对被审计单位的经营场所、实物资产和有关业务活动及内部控制的执行情况等进行的实地察看。

（四）查询及函证

查询是审计人员对有关人员进行的书面或口头询问。函证是审计人员为印证被审计单位会计记录所载事项而向第三者发函询证。如果没有回函或审计人员对回函结果不满意，审计人员应实施替代审计程序，以获取必要的审计证据。

（五）重新计算

重新计算是审计人员对被审计单位原始凭证及会计记录中的数据进行的验算或另行计算。审计人员在审计过程中往往需要对凭证、账簿和报表的数字重新计算，以验证其是否准确无误。计算工作虽较机械、烦琐，但意义重大，不可等闲视之，因为数字计算错误，或故意歪曲计算结果，将会对会计资料的正确性产生重大的影响。

计算的内容包括会计凭证中的小计和合计数，会计账簿中的小计、合计和余额数，会计报表中的合计、总计数，以及有关计算公式的运用结果等。必须重算账簿中的承前和续后的合计数，以防记录人员假造数字进行舞弊。

（六）重新执行

重新执行是指注册会计师以人工方式或使用计算机辅助审计技术，重新独立执行作为被审计单位内部控制组成部分的程序或控制。实施重新执行可以验证被审计单位的内部控制的有效性，获取内部控制是否有效的审计证据。

（七）分析性复核程序

分析性复核程序是审计人员对被审计单位重要的比率或趋势进行分析，包括调查异常变动，以及这些重要比率或趋势与预期数额相关信息的差异。一般而言，在整个审计过程中，审计人员都将运用分析性复核的方法。对于异常变动项目，审计人员应重新考虑其所采用的审计程序是否恰当，必要时应当追加审计程序，以获得必要的审计证据。一般来说，分析性程序常用的方法有绝对数的比较分析和相对数的比较分析。

1. 绝对数的比较分析

绝对数的比较分析，是通过某一会计报表项目与其既定标准的比较，判断二者产生差额的程度是否在正常合理范围内，从而获取审计证据的一种方法。绝对数比较分析中的既定标准，可以是本期的计划数、预算数或审计人员的计算结果，也可以是本期的同业标准。在绝对数的比较分析中，若发现可疑之处，则应扩大审查范围，证实是否存在差错或舞弊现象。

2. 相对数的比较分析

相对数的比较分析，是通过对会计报表中的某一项目同与其相关的另一项目相比所得的值与既定的标准进行比较分析，来获取审计证据的一种方法。相对数的比较分析通常主要是对被审计单位一些财务比率指标进行比较分析，如流动比率、速动比率、应收账款周转率、净资产利润率等。审计人员应结合被审计单位所处的行业背景、生产规模和经济环境等具体因素，判断所得的各项比率指标是否异常，并分析产生异常的原因，决定是否有扩大相应审查范围的必要。

需要指出的是，各种审计方法都有其适用范围和特定目的。但在审计实践中，它们又是互相配合使用的。也就是说，选用审计方法应因事、因时、因地而异，不能机械地只使用某一种审计方法。比如，在采用技术方法中的监盘时，应该针对财产物资的类别来考虑结合使用哪一种审计方法。如对于贵重物品的盘点，为了保证抓住重点，不发生漏盘，应该结合运用一般方法中的详查法。但对于大堆散放的沙石料，实行全面盘点有困难，同时，为了节省人力和时间，则可使用一般方法中的抽样法。又如一般方法中的逆查法，由于它是先由审阅报表开始，根据报表项目中所发现的问题和疑点，再采用抽样法做进一步审查，所以逆查法一般是与抽样法结合使用的。但当在抽查中发现重大问题，应扩大审查的范围时，则采用详查法。

第五节　内部控制制度及其评审

内部控制制度是 20 世纪 80 年代初从国外引进的一种综合性管理制度。经过 30 多年的发展，内部控制制度已广泛运用到企事业单位和各级政府的管理工作中，在企业经济的发展过程中产生了十分深远的影响，对世界经济的发展起到了积极的促进作用。

所谓内部控制制度，也称内部控制系统，是指在一个单位中，为了保证生产、经营方针的贯彻执行和提高经济效益，保证资产的安全完整和会计资料的正确可靠，而对内部的生产经营、财务收支和财产管理等进行的一系列自我调整、制约和控制的方法、措施和程序。

内部控制制度是现代企业管理的重要内容。健全和完善内部控制系统对于提高企业管理水平和经济效益具有十分重要的作用。内部控制制度的作用体现在：第一，保护财产物资的安全完整；第二，提高会计记录和其他经济资料的正确性和可靠性；第三，促使企业贯彻方针政策，遵守财经纪律；第四，为审计工作提供良好的基础。总之，内部控制制度既是被审计单位对其经济活动进行组织、制约、考核的重要工具，也是审计人员据以确定审计程序的重要依据。在审计的发展过程中，对内部控制的重视和信赖，加速了现代审计的变革，节约了审计时间和审计费用，同时扩大了审计领域，完善了审计职能。

一、内部控制要素

内部控制要素是指内部控制制度的构成要素。我国的《中国注册会计师审计准则第 1211 号——通过了解被审计单位及其环境识别和评估重大错报风险》认为，内部控制包括下列要素：控制环境、风险评估过程、信息系统与沟通、控制活动和对控制的监督。下面对这五项要素分别进行简要说明。

（1）控制环境。控制环境是指对内部控制的建立和实施产生重要影响的各种因素的总称。控制环境包括治理职能和管理职能，以及治理层和管理层对内部控制及其重要性的态度、认识和措施。控制环境是推动控制的"发动机"，是所有其他内部控制系统组成部分的基础。

（2）风险评估过程。风险评估是指要鉴定和分析相关的风险。风险评估过程包括识别与财务报告相关的经营风险，以及针对这些风险所采取的措施。

（3）信息系统与沟通。信息系统是指与财务报告相关的信息系统，包括用以生成、记录、处理和报告交易、事项和情况，对相关资产、负债和所有者权益履行经营管理责任的程序和记录。与财务报告相关的沟通，包括使员工了解各自在与财务报告有关的内部控制方面的角色和职责、员工之间的工作联系，以及向适当级别的管理层报告例外事项的方式。

（4）控制活动。控制活动是指有助于确保管理层的指令得以执行的政策和程序，包括与授权、业绩评价、信息处理、实物控制和职责分离等相关的活动。

（5）对控制的监督。对控制的监督是指被审计单位评价内部控制在一段时间内运行有效性的过程，该过程包括及时评价控制的设计和运行，以及根据情况的变化采取必要的纠正措施。

二、内部控制的种类

按照内部控制系统的内容，可以将内部控制分为内部会计控制和内部管理控制两类。

（一）内部会计控制

根据财政部发布的《内部会计控制规范——基本规范（试行）》的规定，内部会计控制是指单位为了提高会计信息质量，保护资产的安全、完整，确保有关法律、法规和规章制度的贯彻执行等而制定和实施的一系列控制方法、措施和程序。

内部会计控制的这一概念包含两个重点：一是内部会计控制的目标，即"提高会计信息质量，保护资产的安全、完整，确保有关法律、法规和规章制度的贯彻执行"；二是内部会计控制的实质，虽然内部会计控制称为"制度"，但并不是某一项单一的制度，而是"一系列控制方法、措施和程序"，即一种综合性的控制监督制度。

根据财政部发布的《内部会计控制规范——基本规范（试行）》的规定，一般应建立的内部会计控制的内容主要包括对外投资、工程项目、货币资金、实物资产、采购与付款、筹资、销售与收款、成本费用、担保等经济业务的会计控制。

（二）内部管理控制

内部管理控制是指单位为了实现经营目标，保证经济活动的经济性、效率性和效果性，确保有关法律、法规和经营决策的贯彻执行等而制定和实施的一系列控制方法、措施和程序。例如企业的内部人事管理、技术管理、市场管理、质量管理等，就属于内部管理控制。内部管理控制由组织的计划和主要与经营效率及坚持经营政策相关，通常只与财务记录间接相关的所有方法和程序组成，一般包括统计分析、工时和操作的研究、业绩报告、雇员的培训计划和质量控制等控制手段。

一般来说，内部会计控制和内部管理控制两者之间是有区别的，关键在于控制是否有助于保护资产安全和提高会计记录的可靠性。如果是，应归入会计控制；如果不是，则属于管理控制。两者之间也有紧密的联系。例如，实行售价金额核算的零售企业，首先必须建立实物负责制，明确责任范围，指定实物负责人等，这是管理控制；但同时库存商品又要以实物负责小组为单位进行明细核算，这涉及资产的安全、完整，又是会计控制。因此，不能把内部会计控制和内部管理控制看做互不相干的两类控制，两者之间相互联系、相互渗透，从一定意义上说，这两类控制是一个密切结合的整体。

三、内部控制制度的评审步骤

（一）内部控制制度评审的定义

评审内部控制制度是现代审计的基础。为了适应现代经济发展的需要，审计工作者进行了一系列的探索。在审计实践工作中，他们逐渐发现这样一个规律：任何单位的经济活动，凡是内部控制良好的，业务处理的正确程度就较高，错弊情况就较少；凡是内部控制不健全或缺乏相互制约的，正确程度就较低，错弊情况就较多。在这个基础上，经过进一步的实践与探索，就建立起了以评审内部控制系统为基础的抽查审计方法，简称内部控制制度审计，或制度基础审计。

因此，现代审计一般首先进行内部控制制度的评审，然后再根据评审结果确定审计范围、重点和方法等。评审后，对于控制良好的，可只作一般性检查，具体可采用抽查法。对于控制薄弱的，则列入审计范围，并作为审计重点，在具体的审计方法上，则采用详查法或扩大抽查的范围，以取得可靠的、足够的审计证据。显然，通过内部控制制度评审，就能抓住审计工作的重点，保证审计工作的效率，节约审计时间和审计经费。

综上所述，内部控制制度评审也称为内部控制系统审计，它是针对被审计单位内部控制制度的健全性和有效性进行的专项审查评价活动。评审内部控制制度是现代审计的基础，它对于提高审计工作效率、保证审计工作质量具有十分重要的意义。内部控制制度审计是现代审计的重要发展。

（二）内部控制制度评审的步骤

一般来说，内部控制制度的评审主要包括以下四个工作步骤。

1. 了解并描述内部控制制度

评审内部控制制度，首先应了解内部控制制度。一般来说，任何一个单位，无论规模大小和生产经营特点如何，其内部总是有一定的内部控制制度，存在的差异主要表现为内部控制制度健全性、有效性的程度。了解内部控制制度应做好以下两项工作：第一，收集资料和进行初步调查。收集资料是指收集有关内部控制制度的文件、管理制度、规章制度、图表、规程等书面的或尚未成文的规定。通过收集资料，就可以初步了解一个单位是否建立了必要的内部控制制度，其岗位设置与职责分工是否符合内部控制的原则等。如果发现内部控制制度中还有不清楚或界限模糊的地方，就应向有关部门和有关人员进行调查。收集资料与初步调查可以分开进行，也可以结合进行。第二，描述内部控制制度。通过收集资料和初步调查，审计人员对一个单位的内部控制制度状况就有了一个大概了解。

为了满足进一步评审的需要，应当用一定的方法将其如实地记录下来，这一过程在内部控制制度审计中叫作描述内部控制制度。

2. 实地测试内部控制制度

通过收集资料和了解描述，审计人员对一个单位的内部控制系统的基本情况已初步掌握。但内部控制系统是否有效，仅靠书面资料或初步的调查是难以做出判断的。因此，要对内部控制系统进行实地测试，以对其有效性做出判断。

3. 评价内部控制制度

评价内部控制制度，就是针对被审计单位内部控制系统的健全性和有效性进行综合评价，并提出评价意见。评价内部控制系统应具备两个条件：一是了解被审计单位内部控制系统的基本情况；二是制定内部控制系统评价的标准。只有根据被审计单位内部控制系统的基本情况，对照内部控制系统评价的标准，才能对被审计单位内部控制是否健全、有效提出评价意见。

4. 报告内部控制制度

评价内部控制制度后，就已形成对内部控制制度的审计意见，这是审计报告的主要内容。审计报告还包括以下两个方面的内容。一是关于改进管理的建议。例如评价内部控制制度时，发现应有的控制点不健全或有章不循，造成一些差错、弊端，就应针对这些问题向被审计单位提出改进管理的建议。二是关于进一步审计的范围、重点和方法的意见。目前，我国对内部控制制度审计已足够重视。注册会计师可以单独进行内部控制制度审计，也可以将内部控制制度审计与财务报表审计整合进行，即整合审计。在整合审计中，注册会计师应当对内部控制制度设计与运行的有效性进行测试，获取充分、适当的证据，以同时实现下列目标：支持审计人员在内部控制制度审计中对内部控制有效性发表的意见；支持审计人员在财务报表审计中对控制风险的评估结果。本书提到的内部控制制度审计是指整合审计。

四、内部控制制度评审的方法

根据内部控制制度审计的过程（或步骤）分类，内部控制制度审计的方法主要包括调查了解和描述内部控制制度的方法、实地测试内部控制制度的方法和评价内部控制制度的方法。

（一）调查了解和描述内部控制制度的方法

调查了解和描述内部控制制度的方法，一般有三种：调查表法、流程图法和文字说明法。为了说明这三种方法，本书首先介绍一个材料采购内部控制系统的审计案例，然后对这个案例分别使用三种方法进行说明。

【例 1-2】 某实业公司是一家从事机床生产的国内大中型企业。其材料来源既有计划内的，也有计划外的。其材料采购业务，一般在年底前由生产部门根据次年生产计划提出"需要材料申请单"，然后由计划部门制订采购计划，签订合同，组织材料购同意工作。公司内的仓库、财务、生产、计划等机构健全，规章制度也比较完善。但生产部门反映部分材料存在质量问题，财务部门反映材料存在短缺问题，原因不清楚。

1. 调查表法

调查表法是运用调查表了解和描述内部控制制度的方法，这是审计工作中常用的方法之一。这种方法的特点是：审计人员将需要调查了解的内部控制系统的问题和控制点采用提问的形式设计成表格，由审计人员询问并填写，或交被审计单位有关人员按规定内容填写，从而掌握被审计单位内部控制制度的基本情况。

调查表分为封闭式调查表和开放式调查表。所谓封闭式调查表，就是对所提出的问题要求回答者在规定的答案中进行选择，不允许自由回答。例如，某一个问题规定了"是""否""弱"和"不适用"四个选项，回答者只能根据实际情况选择其中一个答案，如果确有特殊事项需要说明，则在备注栏中进行说明。开放式调查表允许回答者对所提出的问题自由回答。

根据例 1-2 的资料，编制封闭式调查表如下（见表 1-4）。

表1- 4　内部控制制度调查表

调查单位：××××实业公司
调查时间：××××年×月×日
调查内容：材料采购内控制度
被调查人：林××（计划科长），刘××（仓库主管）、黄××（财务副科长）

调查问题	调查结果				备注
	是	否	弱	不适用	
1. 购入材料前是否由生产部门提出"需要材料申请单"	√				
2. 供销部门事先有无采购计划	√				
3. 购入材料是否都签订合同			√		
4. 验收材料时，是否数量和质量严格把关		√			不开箱，只点大件的材料
5. 是否每月盘点材料			√		
6. 收货是否及时	√				
7. 支付材料款是否经过财会部门审核	√				
8. 材料明细账是否与仓库保管账定期核对	√				

通过使用调查表法审查发现，该公司的验收环节出现问题，"不开箱，只点大件的材料"，使库存材料的数量和质量出现问题。

调查表法的优点是简便易行、省时省力，只要调查表设计合理，经验不足的审计助理人员甚至非审计专业人员就能胜任此项工作。此外，调查表法直观性强、一目了然，调查结束后很快就能发现问题。例如，表1- 4中所示第四项"验收"这个关键控制点失去控制作用，没有严格验收材料的数量和质量，这就必然导致材料质量不合格和数量短缺问题的出现。但调查表法也存在一些缺点，如所列问题死板、缺乏弹性，容易束缚审计人员的思想，不利于发挥主观能动性；同时，如果调查表设计不全面，则容易遗漏存在的问题。

因此，使用调查表法时，应把设计全面合理的调查表作为审计的一项基本功。这就要求按照内部控制系统的原则，并结合企业的生产经营类型和具体的业务特点来设计；同时，要求审计人员在实际工作中不断修正，逐渐积累经验。

2. 流程图法

流程图法是指审计人员用绘制的图形来表示有关经济业务的处理程序及内部控制状况的一种方法。这种方法的特点是使用一定的符号或图形，直接表示有关的职责分工、经济业务流程和有关的控制点或关键控制点等。

　　流程图法使用的符号没有统一的规定，一般要求明确、清楚即可。由于没有统一规定，为了防止符号发生混淆，在编制流程图时，事先都制作符号板或者将符号编制成表进行说明。表 1-5 所示为一些常用符号说明。

表 1-5　一些常用符号说明

符号	说明	符号	说明
▭	凭证、单、表	⬛(货车)	货物已到
⬇	业务开始	▱(账薄)	账薄
→	流程线	◇	控制点
---→	凭以记账	◯	关键控制点
←--→	互相核对	◇?	弱点或控制点

　　根据例 1-2 的资料，绘制材料采购内部控制制度的流程图如下（见图 1-1）。

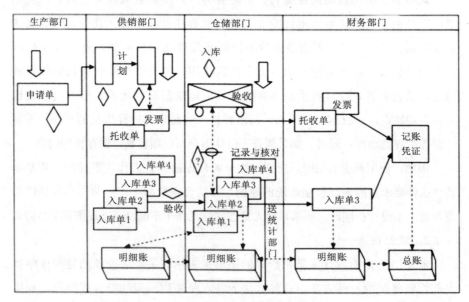

图 1-1　材料采购内部控制制度的流程图

通过使用流程图法审查发现，该公司验收环节出现问题，"不开箱，只点大件的材料"（图 1-1 中标明控制弱点和失控点），造成库存材料的数量和质量存在问题。从图 1-1 可以看出，流程图上标明了"申请单""计划""验收""入库""记录与核对"等控制点，指明了关键控制点和控制弱点。采用这种方法的优点是能生动形象地反映出业务处理程序和内部控制情况，能较快地找出控制点和关键控制点，因而深受国内外审计工作者的欢迎，是一种广为流行的审计方法。但不足之处是绘制流程图的技术性较强，难度比较大，要求审计人员既具备内部控制系统的理论知识，又具备一定的绘图能力，否则就很难运用这种方法。因此，采用这种方法进行审计，审计人员应不断实践，不断积累经验。

3. 文字说明法

文字说明法是指完全用文字说明形式来调查、记录被审计单位内部控制系统情况的方法。这种方法的特点是完全用书面文字形式，一边调查询问，一边逐笔记录，然后用简明扼要的文字在书面上综合说明。

根据例 1-2 的资料，列举材料采购内部控制制度的文字说明，如表 1-6 所示。

表 1-6

材料采购内部控制制度
审查内容：材料采购内部控制制度　　　　　　　　时间：××××年××月××日
××实业公司的材料采购业务，分别由生产部门、计划部门、仓储部门和财务部门分工并协作完成。事前由生产部门根据生产需要，提出有质量要求的"需要材料申请单"；计划部门根据当年生产需要量和库存情况编制"材料采购计划"，并据此同供应商签订合同。 材料异地购入用托收承付结算方式，本地购入则用支票结算方式。托收单或货物到达时，均由计划部门核对合同并填制入库单，然后一并送仓库验收货物。仓库验收后盖章，自留一联，其余各联分送计划、财务部门，财务部门据以处理账务。 经过测试和实地观察，材料验收时不开箱，只点大件，不检查每一箱内材料的数量和质量。

文字说明法的优点是简便、灵活，可以进行全面系统的描述。缺点是费时费力，尤其对于比较复杂的业务，记述冗长而不清楚。如果审计人员的书面语言能力不强，则容易发生误解。所以这种方法适用于经济业务比较简单，内部控制程序不太复杂的中小型企业。

以上针对同一审计案例，使用了三种不同的内部控制制度审计方法。这三种方法各具特点，也各有优缺点。实际审计工作中，应针对不同的审计内容选用。三种方法可以结合使用，一般以调查表法、流程图法为主，以文字说明法为补充。这样就可以扬长避短，收到较好的效果。

（二）实地测试内部控制制度的方法

实地测试内部控制制度，一般有以下两种方法。

1. 抽查有关资料进行实地测试

这种方法是针对所要审查的某一内部控制系统，抽取一部分资料进行审查，看其对经济业务的处理是否符合内部控制系统的原则。例如，对材料购入系统进行审查，就要抽查收货单、付款凭证和供应商的销货发票，通过对这些资料进行审查，检查材料购入业务是否由不同的部门分别完成，凭证设置是否健全，是否按规定程序传递等。抽查资料的具体方法，主要选用判断抽样法或属性抽样法。

判断抽样法是审计人员根据自己的实践经验和判断能力有重点地从总体中抽取样本，并以此对总体进行推断的一种审计抽样方法。判断抽样是从任意抽样发展而来的。随着审计理论和实务的发展，审计人员根据在任意抽样中得到的经验和教训，逐步认识到审计质量的高低与审计人员的实践经验和判断能力密切相关，如果审计人员经验丰富、判断准确，有重点地从总体中抽取样本进行审查，则总体中的某些特性有可能会更好地显露出来，从而使审计工作收到事半功倍之效。

属性抽样法是一种用来推断总体中具有某一特征的项目所占比例的统计抽样方法。在控制测试中，审计人员要对内部控制是否健全、执行是否有效做出判断，其推断的依据正是所欲测试的总体中内部控制不健全或没有被有效执行的例外情况的发生率。属性抽样法满足了这一需求，将重点放在了对被审计对象总体的质量特征进行定性评价之上，因此比较适用于内部控制中凭证的处理、工资的计算、存货计价、折旧计算等业务的测试。

2. 实地观察

实地观察就是深入现场，根据前述经济业务的传递程序，到各个环节进行实地观察、验证。例如前面列举的材料采购业务，就应分别到业务（或采购计划）部门、仓储部门、财务部门进行观察。对关键环节尤其要注意观察和验证，如对于仓储部门的验收环节，就应检查在验收材料数量时，是否经过计量、检斤或验尺，以保证数量真实；在验收质量时，应检查是否经过物理性能或化学成分等的检验，以保证质量。

（三）评价内部控制制度的方法

内部控制制度的评价标准，过去是根据审计人员的经验确定的。近年来，控制模型，或称为理想的内部控制模式，常被用来作为判断内部控制制度是否健全的标准。

控制模型是有关部门或审计人员，根据大量的实际工作经验和内部控制系统的原则设计出来的行之有效的控制模式。控制模型依照不同的生产经营类型和不同的业务系统分别设计，其一般都用调查表、流程图表示或用文字说明，上面注明业务程序、控制环节，并着重标注控制点和关键控制点。因此，按照控制模型建立内部控制制度，并严格遵照执行，就能保证资产的安全、完整和提高经营效率；用控制模型对照被审计单位的实际内部控制系统，也能判断其是否健全、有效。

设计控制模型，首先要坚持合理分工与权利制衡的原则，即坚持不相容职务相互分离控制。这一控制的核心内容是合理设置会计及相关工作岗位，明确职责权限，形成相互制衡机制。不相容职务主要包括授权批准、业务经办、会计记录、财产保管、稽核检查等。其次是抓住业务过程中的关键控制环节，即通常说的控制点和关键控制点。

下面以材料采购业务的内部控制制度为例，简要说明该方法。

根据前述实施内部控制制度的原则和程序控制的要求，材料采购业务可以划分为申请、计划、合同、验收、入库、记录与核对六个步骤，这六个步骤应由采购供应、仓储运输、财务等部门分工完成。材料采购业务的完成应有以下六个控制点。

（1）申请。申请材料采购应有明确的目的，即为了生产、经营或其他必需环节而采购。未经申请并给予批准和授权，就会出现不根据生产、经营需要而任意采购的现象，甚至会出现为了拿"回扣"而任意采购残次废品的现象。

（2）计划。缺乏计划平衡，就会使材料的需求、库存与采购脱节，出现积压或者短缺的现象。

（3）合同。没有合同规定经济责任，就会使材料购入的数量、质量、价格、时期缺乏保证。

（4）验收。缺乏验收环节，会使材料到货的数量与质量出现问题。

（5）入库。不办理入库手续，将使材料到货后丢失、损坏。

（6）记录与核对。如果没有财务部门正确、及时地记录与核对，材料的安全、完整就失去最终的制约，会计资料的可靠性也失去保证。

以上控制点如果齐全，材料采购就可以保持良好秩序，如果缺少一个，就可能发生混乱。其中的"验收"是最关键的一环，没有它，材料采购就可能产生全面混乱，因而验收是材料采购控制系统中的关键控制点。

第二章　财务报表审计概述

第一节　财务报表审计的起源与发展

一、财务报表审计的起源

任何一项社会学科的产生总离不开一定的社会环境，财务报表审计的产生同样如此。民间财务报表审计最早的起源可以追溯到 16 世纪的意大利。在 16 世纪，地中海沿岸商业比较发达，尤以意大利的威尼斯最为发达。商业规模的不断扩大，使得单个商人难以提供巨大的资金，于是便产生了多人合伙经营的经营方式，合伙企业由此诞生。这种新的经营方式不但提出了新的会计主体理念，同时也提出了另外一个问题，即财产的所有权及其分配问题。因为合伙人有的参与经营，有的不参与经营，如何让所有合伙人对经营的结果都认可呢？这就在客观上需要没有利害关系的第三方对经营结果发表意见。在这种情况下，人们开始聘请具有一定会计知识的专业人员进行账簿的检查与公证，可以说这是民间财务报表审计的起源。1581 年，威尼斯会计协会在威尼斯成立。

二、早期英国民间审计

尽管民间财务报表审计于 16 世纪在意大利已经出现，但对民间财务报表审计的发展并没有起多大的促进作用。对民间财务报表审计的最终形成产生积极影响的是 18 世纪的英国。

说起英国民间财务报表审计，我们就不得不提到 1720 年发生在英国的南海公司破产案。南海公司成立于 1710 年，直到 1719 年，公司经营业绩平平。由于南海公司管理层在 1720 年的舞弊行为，南海公司的股价从 1720 年 2 月的 129 英镑涨到 6 月的 890 英镑，7 月最高涨到 1 050 英镑，并且公司董事会在 1720 年 6 月决定发行 500 万英镑的股票，发行价定为每股 1 000 英镑。针对当时的炒股热潮，美国经济学家加尔布雷斯在其著作《大恐慌》中的描述再形象生动不过了，他在书中写道："政治家忘记了政治，律师忘记了法庭，商人放弃了买卖，医生丢弃了病人，店主关闭了铺子，教父离开了圣坛，甚至连高贵的夫人也忘了高傲和虚荣。"8 月股价开始下跌，到 11 月回落到 135 英镑。股票的大起大落给南海公司股东和债权人造成了巨大的经济损失，并震动了英国朝野（当时英国上议院和下议院的半数议员都参与了这次全民炒股）。当时的英国议会成立了一个由 13 人组成的特别调查委员会，该委员会在调查过程中发现南海公司的会计记录严重失实，于是特邀了一名叫查尔斯·斯奈尔（Charles Snell）的资深会计师，对南海公司的分公司"素布里奇商社"的会计账目进行检查。查尔斯·斯奈尔通过对南海公司账目的查询、审核，于 1721 年提交了一份名为"伦敦市车切斯特·莱恩学校的书法大师兼会计师查尔斯·斯奈尔对素布里奇商社的会计账簿进行检查"的意见书。

在此案例中，我们会发现 18 世纪之前没有的一种企业组织形式——股份公司。这是 18 世纪英国工业革命的结果。英国的工业革命使得原来以独立庄园为个体的私营经济无法满足日益扩大的工业化规模对于资金的需求。在此期间，资本主义迅猛发展，生产的社会化程度大大提高，劳动的社会分工也更加细化，企业的经营权与所有权进一步分离，企业所有者需要聘请独立的人员对经营者提供的经营结果进行审查，以确定经营者是否有贪污舞弊行为，因此就出现了一批以查账为职业的会计师。

1720 年南海事件发生后，英国议会颁布了《泡沫公司取缔法》，股份公司基本被禁止。直到 1825 年，英国议会才废除了该法案，并在 1844 年颁布了《股份公司法》，该法案要求公司必须设监察人，负责审查公司的账目。第二年，议会又对《股份公司法》进行修订，规定公司的账目必须由公司董事以外的人员审计。英国的民间审计由此走上了快速发展的道路。1853 年，爱丁堡成立了第一个注册会计师团体——爱丁堡会计师协会，它标志着注册会计师职业的正式诞生。1862 年，英国《公司法》确定了注册会计师作为法定的破产清算人，由此奠定了注册会计师审计的法定地位。

自 1844 年至 20 世纪初，英国的民间审计得到快速发展，这与英国当时社会经济的快速发展是密切相关的。在这一时期，民间审计逐渐形成，诸多学者对审计理论和方法进行了有益的探索，这时的审计主要还是采用详细审计，即对所有的业务、凭证和报表进行审查。

三、美国民间审计

美国民间审计是对英国民间审计的继承和发展。19 世纪末，美国工业化快速推进，英国大量的人员、资金和技术涌进美国，随之而来的还有注册会计师。1877 年，美国公共会计师协会成立，之后各州相继成立了注册会计师协会。1896 年，纽约州颁布了第一部注册会计师法。1902 年，各州协会联合成立了美国注册会计师联合会（后改为美国注册会计师协会）。1917 年，美国注册会计师协会制定了职业条例，并编制了《关于资产负债表的备忘录》（审计准则的雏形）。1921 年，各州注册会计师实行统一资格考试。

1929 年至 1933 年，资本主义社会发生了历史上最严重的经济危机，大量企业倒闭，投资者和债权人遭受了严重的经济损失。1933 年美国颁布了《证券法》，要求上市公司的会计报表必须经过注册会计师审计并向社会公众公布审计报告，审计的对象开始转向资产负债表和利润表及相关财务资料。

20 世纪 40 年代，以美国为代表的经济发达国家采用经济扩张政策，推动本国企业向海外发展，跨国公司得到空前发展，同时会计师事务所无论是业务种类还是规模都得到快速发展，形成了 20 世纪 80 年代的八大会计师事务所。审计的方法和审计准则在这一时期得到不断的改进和完善，审计理论也有了长足的发展。

四、我国注册会计师审计的开展

我国注册会计师审计开始于 20 世纪初期，当时颁布了相关法律，却没有起到实质性作用。中华人民共和国成立后，国家没有设置审计机构，也没有民间审计。改革开放后，出于引进外资和与国际经济接轨的需要，1980 年财政部发布了《关于成立会计顾问处的暂行规定》。1981 年 1 月 1 日，上海会计师事务所成立，成为中华人民共和国首家由政府部门批准设立的会计师事务所。我国早期的会计师事务所主要为"三资企业"服务。1985 年《中华人民共和国会计法》颁布，1986 年《中华人民共和国注册会计师条例》颁布，从法律上确立了注册会计师的地位和法定的查账业务范围。1988年注册会计师协会成立，1993 年《中华人民共和国注册会计师法》颁布。从此，我国会计师行业迅速发展。

第二节　财务报表审计的概念

一、财务报表审计的定义

财务报表审计，是由胜任的独立审计人员依据审计标准，为确定和报告被审计单位特定期间的会计报表及相关财务信息与既定会计标准间的符合程度而收集和评价审计证据的过程。

这个定义包括以下几个要点。

(一) 胜任的独立审计人员

审计人员必须具备从事审计工作应具有的会计、审计、管理、相关经济法规等专业知识，并具有一定的分析问题的能力，同时还应具有理解审计标准的含义并能将其具体应用的能力，以确定应收集证据的种类和数量。

审计人员同时还应保持其应有的独立性，以维护审计人员在审计业务过程中的权威性和公证性。无论是注册会计师、政府机关审计人员，还是内部审计人员，在业务过程中保持应有的独立性，是其从事和完成报表审计的基本前提。

(二) 既定会计标准

无论是政府部门，还是企业组织或事业单位，在进行会计业务处理时，都应遵循既定的会计标准——会计准则。尽管这些会计准则会随着经济的发展和社会条件的变化而变化，但在一定的期间是相对稳定的，这使得财务信息的处理方法相对稳定，这样相似组织产生的财务信息才具有可比性。但需要说明的是，政府部门、事业单位和公司采用的具体会计标准是不同的。政府部门和事业单位执行的是《行政单位会计制度》和《事业单位会计准则》；公司执行的是《企业会计准则》。具体到每个企业，可以在不违反会计准则的前提下制定符合自身情况的会计制度，因此不同的企业，其会计制度是不完全相同的。

（三）特定期间的会计报表及相关财务信息

就财务报表审计而言，无论审计人员对何单位或组织进行审计，首先应该确定的就是财务报表的审计期间，这将直接影响到审计证据的收集、审计判断标准的确定，以及对其评价的结果。如果审计期间不能确定，审计人员将无法开展审计工作。特定期间的时间界限主要依据委托人的业务约定（注册会计师审计）或审计任务（政府审计和内部审计）来确定。其次要确定的是审计的财务信息范围，即会计报表及与会计报表相关的财务信息。例如，对公司进行年度报表审计时，所审计的会计报表通常应包括资产负债表、利润表和现金流量表，以及相关的附表、附注、说明、公告等。如果委托人或审计任务有特殊要求，被审计的财务信息范围也可能只是上述信息的一部分。

（四）审计标准

审计标准是审计人员从事审计业务活动必须遵循的行为规范和行为准则。不同的审计主体针对自身审计业务内容特征，制定了在本主体从业的审计人员应遵循的审计准则。在我国，有国家审计署颁布的《中华人民共和国国家审计准则》，有中国注册会计师协会拟定，财政部颁布的《中国注册会计师执业准则》（包括基本准则、审计准则和其他业务准则三大部分）和中国内部审计协会颁布的《中国内部审计准则》。审计人员在从事审计业务活动时，应按照审计准则的要求制订审计计划，收集审计证据，出具审计报告。

（五）收集和评价证据

审计的过程就是收集证据和评价证据的过程。审计人员要确定特定主体编报的财务报表及相关信息与会计准则或会计制度的要求是否一致，就需要收集一定数量和质量的审计证据。审计证据的形式多种多样，审计人员获取审计证据的方法也是多种多样的，审计人员应对其获取的审计证据进行适当的评价，以保证这些审计证据能够对审计人员发表审计意见提供基础，并且确保这些审计证据与财务信息相关，能够支持审计人员发表的意见。

（六）报告

审计人员对财务报表审计的结果，应该以适当的方式向财务报表使用者进行报告。审计报告的格式因审计目的和报告对象的不同而不同，因主要依据的不同而不同。在报告中，审计人员必须对财务报表的编制是否遵循会计制度或会计准则，以及报表中是否不存在重大错报和漏报给出明确的结论。

二、财务报表审计的对象

财务报表审计的对象是指审计人员审计时，收集审计证据所要验证的财务信息范围和内容。财务报表审计的对象根据其表现形式和内容主要包含以下几个方面。

（一）会计报表及其附注

会计报表及其附注是财务信息的集中表现，反映被审计单位在某一时点的整体财务状况和一定时期的经营成果及其现金流量，集中反映一个组织或单位以货币表现的经营业绩，是信息使用者获取财务信息的主要来源。它是审计人员审计的财务信息的重要表述形式，因此自然成为审计的重要对象，具体包括报表的组成、编报的格式、信息披露的内容、报表的附注、编报遵循的具体会计政策、其他相关的财务信息等。

（二）报表反映的实际经济业务

报表是被审计单位财务信息的集中揭示，它是对被审计单位在一个时期所发生的财务信息进行的分类和汇总。被审计单位一定时期内发生的影响报表结果的每个财务信息个体（每笔经济业务）自然就是审计人员应该审计的对象。这些财务信息在发生过程中会产生各种凭证和记录，这些凭证和记录是这些财务信息的外在表现形式，也是审计人员收集审计证据的重点对象，具体包括每笔经济业务发生时产生的各种原始凭证、各种业务记录、相应的会计凭证，以及记录这些财务信息的各种会计账簿、有关会计报表和业务报表等。

（三）控制财务信息发生的各项内部控制

为了保证财务信息的准确、可靠，保证资金和财产物资的安全，每一个被审计单位都会建立一套符合自身经营管理特点的内部控制体系。内部控制体系是财务信息产生的环境基础，内部控制的健全和有效与否，将直接影响财务信息的可靠性，对审计人员判断报表信息是否存在重大错报和漏报有着重要的影响。因此，审计人员审计财务信息时，对产生财务信息的环境必须进行检查。通过对编报单位内部控制的检查，审计人员可以评价影响报表信息编制的内部控制是否可靠，进而确定审计人员下一步审计工作的重点和程序。

一个组织或公司的内部控制的内容有很多，这些内部控制尽管都与组织或公司的管理有关，但并不是所有的内部控制都与财务信息的产生直接相关，因此，在评估内部控制时，如果没有特殊要求，审计人员通常只检查、测试与财务信息的产生相关的那部分内部控制。

三、财务报表审计与其他鉴证业务

鉴证业务是指注册会计师对鉴证对象信息提出结论，以增强除责任方之外的预期使用者对鉴证对象信息信任程度的业务。鉴证业务包括历史财务信息审计业务（又称财务报表审计）、历史财务信息审阅业务（又称财务报表审阅）和其他鉴证业务三大类。

财务报表审计只是鉴证业务中的一种，它与其他鉴证业务的主要区别在于，不同鉴证业务遵循不同的鉴证准则。相对于其他鉴证业务而言，财务报表审计业务的要求是最严格的，我们通常所说的审计准则，都是针对财务报表审计制定的，审计人员从事财务报表审计时必须遵守审计准则。相对于其他鉴证业务准则而言，审计准则是最全面的，要求也是最严格的。尽管财务报表审阅的对象与财务报表审计相同，但审阅的过程和收集证据的要求明显要少得多，所以审计人员提供的信息质量也较低，当然，审计人员所花费的成本也较低。

其他鉴证业务主要包括企业内部控制审计服务、预测性财务信息的审核等。

第三节　财务报表审计目标

一、财务报表审计目标的变迁

财务报表审计目标是指审计人员在财务报表审计业务过程中所应达到的

对财务报表信息的确认，以满足社会需求的最终结果。

财务报表审计的目标主要受社会经济环境的影响。在不同的社会发展阶段，由于社会经济环境的不同，财务报表审计的目标也是不同的，也就是说，财务报表审计的目标随着社会经济环境的变化而变化，并不是一成不变的。对财务报表影响最大的因素主要有三个：一是社会对财务报表审计的需求；二是审计人员满足这种需求的能力；三是法律法规对审计人员行为的制约。

财务报表审计目标的变迁主要经过以下几个阶段。

（一）以查错揭弊为主的审计目标

在 16 世纪，地中海沿岸的商人们就将货物价款和实物清查的详细检查工作委托给民间查账员办理，这便是注册会计师审计的萌芽。而注册会计师审计的正式产生，则以 1720 年英国南海公司破产事件为标志。南海公司的会计记录严重失实，存在明显蓄意篡改会计数据的舞弊行为，查尔斯·斯奈尔主要对南海公司的会计账目进行具体的检查以获取管理层舞弊的证据。工业革命带来了大规模的生产经营，与之相适应的组织形式——股份公司出现了，由此引起管理权与所有权的分离，资产所有者关心其资产的保值增值性，社会对审计的需求主要是股东需要通过审计了解公司管理人员经管职能的履行情况，因此，审计的目标就是帮助股东来发现管理者所提供的相关记录信息是否有舞弊现象。1905 年出版的《狄克西审计学》也将审计目标总结为"查找弊端，查找技术错误，查找原理错误"。1912 年、1916 年和1923 年出版的《蒙哥马利审计学》中，也将查错揭弊作为审计的主要目标。与这一阶段的注册会计师审计目标相适应，审计人员的职责就是揭露差错和舞弊。可见，注册会计师审计目标的产生源于检查公司的会计记录是否存在舞弊行为，它直接迎合了当时社会公众的需求。由此，查错揭弊也就成了当时民间审计的最初目标，并一直持续到 20 世纪 30 年代。

（二）以验证财务报表真实公允性为主的审计目标

从 20 世纪 30 年代到 80 年代是财务报表审计阶段，注册会计师审计目标是验证财务报表的真实公允性。促使审计目标转换的原因主要是社会经济环境发生了巨大变化。20 世纪以来，以美国为代表的资本主义经济迅速发展，特别是股份公司的大量涌现，使社会环境出现了三个新的变化。

1. 企业管理者受托责任范围扩大

随着企业规模的不断扩大，企业管理人员的受托责任范围不再仅仅表现在与投资者和债权人的关系上，而且还扩大到与政府、员工等其他更多利益相关者的关系上。这些利益相关者需要通过企业的财务信息来了解企业管理层受托责任的履行情况，因而社会对企业财务信息的需求也随之增加，会计信息也就显得日益重要。

2. 筹资渠道的多元化

以美国为代表的资本主义经济迅速发展，大批股份制公司涌现。这一时期，证券市场已经发展成熟，公司的筹资方式不再局限于单独向银行贷款，而是更倾向于从证券市场上获取资金，企业的经营业绩直接关系到资本市场参与者的切身利益，整个社会对财务报表的关心程度超过了查错揭弊，而更多地关注财务报表所反映出的企业经营业绩是否真实可信，于是独立审计人员需要对整个财务报表进行审计，从而增强这些信息的可信性。随着社会公众参与资本市场的程度不断加深，审计对于保证财务信息可信性的重要性也不断增强。

3. 法律的强制要求

20 世纪 30 年代初世界经济危机爆发，无数投资者倾家荡产，使得美国政府认识到了会计信息真实性的重要性，先后颁布了 1933 年《证券法》和 1934 年《证券交易法》，强制上市公司必须委托注册会计师对其会计报表进行审计。这些规定使审计人员的职责更加明确，表明审计人员的职责不再以查错揭弊为主，而是对被审计的会计报表的真实性、公允性负责。

但是，审计能力是有限的。企业规模的扩大和经济业务的日益复杂，使得审计人员对公司的会计记录进行全面检查的成本极高，股东难以支付。这导致股东只需要注册会计师对公司财务报告的整体公允性进行鉴证并表达意见，而无需进行详细检查。受审计能力的限制，审计行业为了避免审计风险，也极力把查错揭弊的责任推向企业管理部门，强调审计仅仅是对会计报表发表意见，不是也不可能去揭露贪污盗窃和其他舞弊。20 世纪 30 年代内部控制理论的发展使审计行业开始认为，欺诈舞弊可通过建立完善的内部控制制度来予以控制。这时，审计技术的发展也允许审计由详细审计转变为抽样审计，这就使得财务报表审计成为可能，使审计人员可以在抽查的基础上对会计报表的公允性发表意见，这种方法不仅可以提高审计效率，而且可以保证审计质量。上述两方面原因的共同作用使注册会计师审计目际向验证会计报表的公允性转换。验证会计报表的公允性便成为这一阶段的审计目际并一直持续到20世纪80年代。

（三）验证会计报表真实公允性与查错揭弊并重的审计目标

20世纪80年代至21世纪初，注册会计师审计目标以验证会计报表的真实公允性与查错揭弊并重。在这一阶段，审计人员对审计风险的认识也由被动接受向主动控制变化。促使查错揭弊成为与验证会计报表的真实公允性并重的注册会计师审计目标的原因是多方面的。

首先，20世纪60年代中期以后，尤其21本世纪初，国外以"安然事件"为代表，一系列公司舞弊案发生，企业管理人员欺诈舞弊案剧增，把注册会计师审计职业带入了未曾经历过的诉讼时代。以前，社会公众倾向于认为防止雇员舞弊是企业管理部门的职责，管理部门通过建立内部控制制度、运用各种措施来监督员工是否有错误和舞弊行为，而现在，管理人员串通一气参与舞弊，或者精心策划利用组织中内部控制的漏洞来为自己谋利益，企业的内部控制已很难控制这种情况所造成的差错和舞弊现象，因此，社会对独立的审计人员应承担查错揭弊的责任的呼声越来越强烈。但是，在这种串通舞弊的情况下，审计人员很难通过对内部控制实施控制测试来发现其中的问题。

其次，审计行业为了维护自身的生存和发展，也顺应这个需求揭露重大的舞弊和差错，以把审计风险降到社会可接受的水平之下，要求审计人员在财务报表审计中既要验证财务报表的公允反映，又要关注由于虚假财务报告和侵占资产所引起的舞弊。从上述社会需求的变化对注册会计师审计目标的影响过程中不难看出，审计作为一种服务，是以社会需求为导向的。但是，社会需求并不是影响注册会计师审计目标的唯一因素，审计能力的有限性也在影响着审计目标的可行性。

（四）降低信息风险的审计目标

这一审计目标的出现主要是以1995年AICPA（American Institute of Certified Public Accountants，美国注册会计师协会）发布的《改进企业报告》为标志的，以1996年公布的第78号审计准则公告《财务报表审计中对内部控制的考虑：对第 55 号审计准则公告的修订》转换完成，从此降低信息风险成为审计的主要目标。

促成审计目标转变的因素很多，但主要是以下几个方面：一是社会公众对信息的需求不断扩大，传统的会计信息已不能满足人们的需求，因此，审计人员不仅需要对会计信息进行验证，而且需要对非会计信息进行验证，以降低信息风险，满足社会公众的需要；二是经过长期实践，审计人员在技术上已经具备了评价除会计信息以外的管理信息的能力，其最主要的表现就是20 世纪后期大量管理咨询业务的开展；三是随着经济的发展，审计人员（尤其是注册会计师）的法律责任日益扩大，但审计的建设性职能却在不断地缩小，而为了审计的生存与发展，适应社会对审计发展的需要，审计只能在自身技术条件许可的情况下，尽最大努力满足社会的需求，扩大自己的鉴证职能，对被审计单位的信息进行全面的评价，以降低其信息风险。

二、财务报表审计的总目标和一般审计目标

财务报表审计的目标包括两个层次，即财务报表审计的总目标和一般审计目标。

（一）财务报表审计的总目标

财务报表审计的目的是提高财务报表预期使用者对财务报表的信赖程度。这一目的可以通过审计人员对财务报表是否在所有重大方面按照适用的财务报告编制基础编制发表审计意见得以实现。就大多数通用目的财务报告框架而言，审计人员针对财务报表是否在所有重大方面按照财务报告编制基础编制并实现公允反映发表审计意见。审计人员按照审计准则和相关职业道德要求执行审计工作，能够形成这样的意见。因此，审计人员在执行财务报表审计工作时，总体目标为：一是对财务报表整体是否存在由于舞弊或错误导致的重大错报获取合理保证，使得注册会计师能够对财务报表是否在所有重大方面按照适用的财务报告编制基础编制发表审计意见；二是按照审计准则的规定，根据审计结果对财务报表出具审计报告，并与管理层和治理层沟通。

（二）管理层的认定与财务报表审计的一般目标

1. 管理层的认定

认定是管理层在财务报表中对各类交易、相关账户和披露作出的明确或

隐含的表达，这些认定大多是暗示性的。例如，某公司在报表中列示银行存款 210 000 元。如果管理层在财务报表中不作任何说明，就表示这些银行存款全部属于普通人民币活期存款，其使用不受任何限制，同时还暗示，所有与银行存款有关的必须披露的内容都已正确披露。审计人员将管理层的认定用于考虑可能发生的不同类型的潜在错报。

管理层的认定与财务报表具体审计目标直接相关，审计人员对财务报表的审计，就是确认管理层有关财务报表的各组成要素的认定是否恰当。管理层对报表各要素的认定主要有以下几个方面。

（1）与交易和事项相关的认定。针对交易和事项，管理层主要在以下几个方面作出认定。

①发生。记录于财务报表中的交易和事项在被审计期间确实发生，即记录的交易和事项都是真实的，没有虚假交易和事项。

②完整性。在被审计期间发生的所有应记录交易和事项均已记录，即真实发生的交易和事项都已记录，没有遗漏。

③准确性。对发生的交易和事项的金额及相关数据均恰当予以记录，即记录的金额和相关信息是准确的，符合有关准则和制度规定。

④截止。发生的交易和事项都已在正确的会计期间记录，即没有提前或推迟记录交易和事项。

⑤分类。交易和事项已记录于恰当的账户，即账户的分类及相关记录是正确的。

（2）与账户余额相关的认定。针对账户余额，管理层主要在以下几个方面作出认定。

①存在。在账户中记录的资产、负债和所有者权益，在资产负债表日确实存在，即报表中的上述事项金额没有虚构的成分。

②完整性。所有应当记录的资产、负债和所有者权益均已记录，即没有遗漏应记录的上述事项。

③计价和分摊。资产、负债和所有者权益以恰当的金额包括在财务报表中，与之相关的计价或分摊调整已恰当记录，即资产是实际可实现的价值，负债是将来必须支付的金额，所有者权益是投资者实际应拥有的剩余权益，无论是资产、负债，还是所有者权益，其计价方法和成本分摊都是合理、合

规的。

④权利和义务。记录的资产由被审计单位拥有或控制，记录的负债是被审计单位应当履行的偿还义务。

（3）与列报和披露相关的认定。随着公司规模的扩大和交易的日益复杂，财务报表上需要列报和披露的内容也越来越多，便于报表使用者对财务信息准确理解。针对列报和披露，管理层主要在以下几个方面作出认定。

①发生及权利和义务。披露的交易、事项和其他情况已发生，且与被审计单位有关，即财务报表中所列示收入、费用等在报表期间确实发生，所列示的资产确实归被审计单位所有，所列示的负债确为被审计单位应承担的债务，并作相应的说明，没有虚构事项。

②完整性。所有应当包括在财务报表中的披露均已包括，即被审计单位当期所发生的收入、成本费用均在报表中反映，期末的资产、负债和所有者权益也都在报表中反映，并作相应的说明，没有遗漏事项。

③准确性和计价。财务信息和其他信息已公允披露，且金额恰当，即报表中的各项目的信息是准确的，各项目的计价方法是适当的，符合相关准则和制度的要求。

④分类和可理解性。财务信息已被恰当地列报和描述，且披露内容表述清楚，即财务报表中的项目分类是符合规定，并为一般报表使用者所熟知的，项目本身没有使用者不理解的特殊含义。针对报表项目的金额或组成，如果有影响报表使用者理解的情况，报表附注中都给予了应有的充分说明。

2. 财务报表审计的一般审计目标

财务报表审计的一般审计目标与管理层的认定直接相关。审计人员了解了管理层的认定之后，就能够很容易地确定不同审计对象的一般审计目标。由于管理层的认定包括三个方面，与此对应的一般审计目标也包括三个方面。

（1）与交易和事项相关的一般审计目标。

①发生。确认已记录的交易确实存在。该目标是审计人员根据管理层对交易和事项中的发生认定而确定的。

②完整性。确认存在的交易均已记录。该目标是审计人员根据管理层对交易和事项中的完整性认定而确定的。

③准确性。确认已记录的交易已按正确的金额反映。该目标是审计人员根据管理层对交易和事项中的准确性认定而确定的。

④截止。确认已发生的交易和事项记录于正确的会计期间。该目标是审计人员根据管理层对交易和事项中的截止认定而确定的。

⑤分类。确认被审计单位账户中记录的交易已适当分类。该目标是审计人员根据管理层对交易和事项中的分类认定而确定的。

（2）与账户余额相关的一般审计目标。

与账户余额相关的一般审计目标同上述与交易和事项相关的一般审计目标基本相同。不同的是，交易和事项针对的是当期的发生额，后者针对的是账户的期末余额。

①存在。确认在账户中记录的资产、负债和所有者权益，在资产负债表日确实存在。该目标是审计人员根据管理层对账户余额中的存在认定而确定的。

②完整性。确认所有的资产、负债和所有者权益均包括在账户中。该目标是审计人员根据管理层对账户余额中的完整性认定而确定的。

③计价和分摊。确认各账户的金额核算的适当性、成本费用分摊的合理性，包括资产的可变现净值、各项备抵计提、预计与摊销、费用分配等的合理性。该目标是审计人员根据管理层对账户余额中的计价和分摊认定而确定的。

④权利和义务。确认账户中的资产由被审计单位拥有或控制，负债是被审计单位应当偿还的义务。该目标是审计人员根据管理层对账户余额中的权利和义务认定而确定的。

（3）与列报和披露相关的一般审计目标。

①发生及权利和义务。确认报表中列报和披露的交易、事项和其他情况确实发生，且与被审计单位有关。该目标是审计人员根据管理层对列报和披露中的发生及权利和义务认定而确定的。

②完整性。确认所有应当在财务报表中列报和披露的账户余额及相关事项均以适当的方式包括在内。该目标是审计人员根据管理层对列报和披露中的完整性认定而确定的。

③准确性和计价。确认财务信息和其他信息已公允披露，且金额恰当。

该目标是审计人员根据管理层对列报和披露中的准确性和计价认定而确定的。

④分类和可理解性。确认财务信息已被恰当地列报和描述，且披露内容表述清楚。该目标是审计人员根据管理层对列报和披露中的分类和可理解性认定而确定的。

如同管理层的认定是对交易和事项、账户余额、列报和披露相关的各项目的每一个方面所做的说明一样，财务报表审计的一般审计目标同样是针对这些交易、账户和项目所做的一般性确认。如同上面所述，所有的交易和事项都包括五项一般审计目标，但针对具体的交易和事项，根据其经济业务性质，以及对整个报表的影响程度，单个交易审计的具体目标可能包括上述五个方面，也可能只是上述五个方面中的一个或几个。例如对销售业务进行审计时，我们对上述与交易和事项相关的一般审计目标都关注；而对现金支付业务进行审计时，审计人员可能就不太关注"完整性"目标，因为不太可能有人报销而不要钱，而出纳也不太可能付了现金而不记账；与之相反，对现金收入业务，审计人员对一般审计目标中的"发生"则不太关注，因为出纳人员不会没有收取现金而记录现金收入。

第四节　财务报表审计的过程

审计人员要完成审计任务，实现审计目标，就必须采用一定的组织方式和工作方法。财务报表审计的过程大致可以分为以下五个阶段。

一、审计任务的确定

无论是政府审计、注册会计师审计，还是内部审计，审计人员首先需要明确财务报表审计的任务。由于不同审计组织的权限和管理方式不同，审计任务的确定也不相同。政府审计机构主要是按照年度审计工作计划来确定的，内部审计则是按照企业内部审计工作任务来确定的，两者任务的确定带有一定的主观性，对工作任务的完成在法律上没有约束，具有一定的灵活性。注册会计师审计则不同，它完全是依据注册会计师事务所与被审计单位签订的业务约定书来确定财务报表审计的任务，在任务完成的时间、财务报表审计的目的、审计报告的出具等方面都有具体而严格的要求，且具有法定约束力。

因此，对财务报表审计而言，不同审计组织的任务确定方式是不同的。

二、计划审计工作

一个完整、全面、可行的审计工作计划对完成财务报表审计任务无疑是很有帮助的。对财务报表审计工作的计划主要包括两个方面：一是内部人员调配，包括针对具体的审计任务需要具有哪些方面经验和技能的人员及其数量，参与审计工作人员的具体工作时间要求，具体安排哪些人员参加审计工作，以及各人员之间的分工等；二是审计过程中具体审计计划的制订及执行，包括对被审计单位的初步了解，制定总体审计策略，制订具体审计计划等。审计计划一旦制订，审计人员必须按照审计计划执行审计。但审计计划并不是一成不变的，审计人员应根据在审计计划执行过程中发现的情况，不断调整完善审计计划。审计计划不是为制订而制订的，它是为了实现审计目标而制订的。审计人员为了实现审计目标，必须收集充分、适当的审计证据，必须执行一定的审计程序，而这些收集审计证据的审计程序，应根据审计实际情况的变化而修订，以满足收集审计证据的需要。需要指出的是，如果对既定的审计程序进行修订，审计人员必须说明理由，并作书面记录。

三、实施风险评估程序

风险评估程序是指审计人员为了解被审计单位及其环境，以识别和评估财务报表层次和认定层次的重大错报风险而实施的审计程序。风险评估程序是审计人员尤其是外部审计人员执行财务报表审计时必须执行的审计程序。实行该程序的目的是识别和评估被审计单位财务报表中的重大错报风险，包括报表层次、各类交易和账户层次的重大错报风险两个方面。

四、实施控制测试和实质性测试

为了将重大错报风险降至合理水平，以提高审计人员工作效率，审计人员必须实施控制测试和实质性测试。控制测试是针对被审计单位内部控制的有效性进行的测试，其目的是验证被审计单位为了确保报表层次认定的真实、准确而采取的各种控制措施、程序和制度等是否得到一贯的有效执行。实质性测试是审计人员为验证财务报表中各项目一般审计目标是否实现而实施的审计程序，具体包括对被审计单位当期业务的发生、记录所做的交易的实质性测试和对期末账户余额的真实性、准确性而进行的余额细节测试。通过实质性测试，审计人员可以收集证据将报表中的重大错报和漏报风险降至审计人员可以接受的合理水平，保证审计质量。

五、完成审计工作并出具审计报告

审计人员完成财务报表中的每一项目的审计程序之后，必须将在审计过程中获取的全部信息综合起来，运用审计人员的专业判断，对财务报表整体形成审计意见。这一过程是一个非常主观的过程，高度依赖审计人员的专业判断，对审计人员的业务素质要求高。审计人员完成审计工作后，必须出具审计报告，并与所审计的财务报表及其附注一起向有关部门或人员报送，上市公司年报审计则应该按照规定向外公布。

第三章 销售与收款循环审计

第一节 销售与收款循环涉及的主要业务活动及相关凭证与记录

本章研究销售与收款循环涉及的内部控制控制风险评估、控制测试及交易的实质性测试。在开始研究之前，需要论及三个问题：一是企业销售与收款循环交易的种类和账户；二是销售与收款循环涉及的主要业务活动；三是销售与收款循环审计涉及的主要凭证和记录。了解和理解销售与收款循环中典型的交易种类和账户、主要业务活动和可能使用到的典型凭证与记录是十分必要的。

一、销售与收款循环涉及的账户和交易种类

销售与收款循环所包括的典型账户在图 3-1 中用 T 形账户列出，这为本章内容的理解提供一个参考性框架，假定研究的对象为一家制造业企业。

图 3-1 表明了业务活动及相关会计信息在销售与收款循环各账户中的流向。从图中可知，销售与收款循环主要有以下五类交易：销售，包括现销与赊销；货币资金收入；销售退回、折扣与折让；坏账冲销。

二、销售与收款循环涉及的主要业务活动

企业的每一项销售业务均需经过若干步骤才能完成。企业的性质不同，销售与收款循环的具体业务环节也略有差异。了解企业在销售与收款循环中的主要业务活动，对该业务循环的审计十分必要。下面以赊销为例，说明销售与收款循环涉及的主要业务活动。

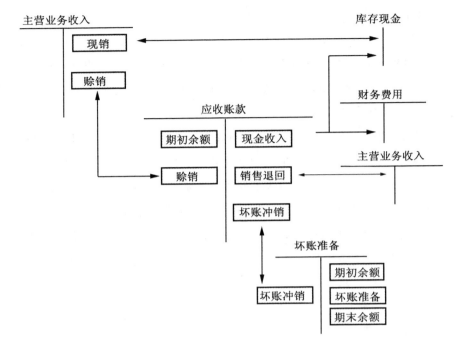

图 3-1　销售与收款循环账户

（一）处理顾客订单

顾客提出订货要求是整个销售与收款循环的起点。顾客的订单只有在符合企业管理层的授权标准时才能被接受。

企业收到客户订单后，应对订单的内容、数量、品种、规格、供货期限等进行审核批准，确定是否能接受订货，只有经过核准的订单，才能作为销售的依据，并以订单中的各项条件为依据，编制一式多联的销售单，作为信用审批、仓库、运输、财务等部门履行职责的依据。

销售单是证明销售交易"发生"认定的有效凭证之一，也是销售交易轨迹的起点。

（二）批准赊销

对于赊销业务，在发出商品之前，必须经过信用管理部门的批准。

信用管理部门在接到销售单后，应审查顾客的资信状况，根据管理层的赊销政策和授权决定是否批准赊销。尤其对于有赊销要求的新客户，要对其信用进行充分的调查，确立一个信用额度，并报主管人员核准。无论赊销是否批准，都要求信用部门人员在销售单上签署意见，然后将签署意见的销售单送回销售部门。

设置信用批准控制的目的是降低坏账风险，批准赊销工作的弱化经常导致过多的坏账和无法收回的应收账款。赊销批准的标记应被当作发货的一种标示。

这些控制与应收账款账面余额的"计价和分摊"认定有关。

（三）按销售单供货

企业管理层通常要求商品仓库只有在收到经过批准的销售单时才能供货。对大多数企业来说，在销售单上签字批准赊销的同时，也就批准了发货。仓库部门根据收到的经批准的销售单发货，并编制一式多联的发货凭证，如提货单、发货单、出库单等，作为装运部门、财务部门等履行职责的依据。

按销售单发货的目的是防止仓库在未经过授权的情况下擅自发货。因此，已批准的销售单送达仓库后即作为仓库供货和发货给装运部门的授权依据。

（四）按销售单装运货物

将"按销售单供货"与"按销售单装运货物"职责分离，有助于避免负责装运货物的职员在未经授权的情况下装运产品。

运输部门根据批准的销售单装运货物，并填制一式多联的装运凭证。在装运之前，装运人员必须进行独立验证，以确认从仓库提取的商品是否都有经过批准的销售单，并且商品的内容与销售单一致。

装运凭证是证明销售交易是否"发生"的另一有效凭据，而定期检查以确定在编制的每张装运凭证后均已附有相应的销售发票，则有助于保证销售交易的"完整性"认定的正确性。

（五）向顾客开具账单

开具账单包括编制和向顾客寄送连续编号的销售发票。开具销售发票之前，应在将顾客订单、销售单、出库单、装运单等凭证核对相符无误的基础上，向客户开出事先连续编号的销售发票。销售发票副联通常由财务部门设立专人负责。

这项功能所针对的主要问题包括：是否对所有装运的货物都开具了账单（"完整性"认定）；是否只对实际装运的货物开具账单，有无重复开具账单或虚构交易行为（"发生"认定）；是否按已授权批准的商品价目表所列价格计价开具账单（"准确性"认定）。

为了降低开具账单过程中出现遗漏、重复、错误计价或其他差错的风险，应设立多项控制程序：在编制每张发票之前，独立检查是否存在装运凭证和相应的经批准的销售单；依据已授权批准的商品价目表编制销售发票；独立检查销售发票计价和计算的正确性；将装运凭证上的商品总数与相对应的销售发票上的商品总数进行比较。

（六）记录销售

开具销售发票之后，会计人员应编制相应的记账凭证，并负责登记相应的主营业务收入、应收账款、库存商品等明细账和总账，并定期与客户核对。

记录销售的控制与多项认定有关，审计人员主要关心的问题是销售发票是否记录正确，并归属于适当的会计期间。

（七）处理和记录库存现金、银行存款收入

这项业务活动涉及的是有关货款收回，库存现金、银行存款增加，以及应收账款减少的活动。在办理和记录库存现金、银行存款收入时，最应考虑的是避免货币资金失窃的各种可能状况。

在收取货款时，最重要的是保证全部货币资金如数、及时存入银行，并记入库存现金、银行存款日记账和相关账户。在这方面，汇款通知单起着很重要的作用。

（八）处理和记录销售退回、折扣与折让

客户如果对商品不满意，销货企业一般会接受退货，或者给予客户一定的销售折让，客户如果提前支付货款，企业可能会给予一定的销货折扣。发生此类事项，有关部门要编制一式多联的贷项通知单，该单据必须经过授权批准，办理时，应该确保有关部门和人员各司其职，分别控制实物流程和会计处理。

（九）注销坏账

只要有赊销情况，不管企业如何控制风险，客户因宣告破产、死亡等原因而不能支付货款的情况仍然有可能发生。对确实无法收回的应收账款，经过批准后作为坏账注销。

对这些坏账的正确处理方法应该是获取货款无法收回的确凿证据，经适当审批后及时作出会计调整。

（十）提取坏账准备

坏账准备的提取数额必须能够抵补企业以后无法收回的销货款。

年末，企业应根据应收账款的余额、账龄、本期销售收入来分析和确定

本期应计提坏账准备的数额，计提方法应保持前后会计期间的一致性。

三、销售与收款循环涉及的相关凭证与记录

内部控制比较健全的企业，处理销售与收款业务通常需要使用很多凭证与会计记录。典型的销售与收款循环所涉及的主要凭证与会计记录有以下几种。

（一）顾客订货单

订货单是客户提出的书面购货要求。企业可以通过营销人员和其他途径（如采用电话、信函、传真、网络等方式）取得客户订单。

（二）销售通知单

销售通知单是记录客户所订商品的名称、规格、数量，以及其他与客户订货有关资料的凭证，通常作为销售方内部处理客户订单的依据。

（三）发运凭证

发运凭证是在发运货物时编制的，用以反映发出商品的规格、数量和其他有关内容的凭据。发运凭证的一联送给客户，其余联由企业各部门保管。发运凭证可以作为向客户开票收款的依据。

（四）销售发票

销售发票是在销售业务发生时开具的记录已经销售商品的规格、数量、金额等内容的原始凭证。销售发票是登记销售业务的基本凭证。

（五）商品价目表

商品价目表是列示已经授权批准的、可供销售的各种商品的价格清单。

（六）贷项通知单

贷项通知单是一种用来表示由于销货退回或已经批准的折让而引起的应收销货款减少的凭证。贷项通知单的格式通常与销货发票的格式相同，其意义是表示应收账款的减少。

（七）客户对账单

客户对账单是一种定期寄送给客户的用于购销双方定期核对账目的凭证。对账单上应注明应收账款的月初余额、本期各项销售业务的金额、本月已经收到的货款、各种贷项通知单的数额、月末余额等内容。

（八）汇款通知单

汇款通知单是与销售发票一起寄给客户，由客户在付款时再寄回销货单

位的凭证。汇款通知单注明客户名称、销货发票号码、销货单位开户银行、账号、金额等内容。

(九) 坏账审批表

坏账审批表是用来批准某些应收账款注销为坏账的，仅在企业内部使用的凭证。

(十) 日记账和明细账

销售与收款循环所涉及的日记账和明细账主要包括库存现金日记账、银行存款日记账、应收账款明细账、预收款项明细账、应收票据明细账、长期应收款明细账、未确认融资费用明细账、主营业务收入明细账、其他业务收入明细账、营业税金及附加明细账、销售折扣与折让明细账、销售费用明细账、应交税费明细账、坏账准备明细账等。

(十一) 总账

销售与收款循环所涉及的总账主要有库存现金、银行存款、预收款项、应收账款、应收票据、长期应收款、未确认融资费用、主营业务收入、其他业务收入、营业税金及附加、坏账准备、销售费用、应交税费等。

(十二) 有关收款凭证和转账凭证

表 3-1 将销售与收款循环中的各种交易、涉及账户、业务活动、主要凭证与记录进行汇总，形成对照表，便于学习中理解与使用。

表 3-1 销售与收款循环中的各种交易、涉及账户、业务活动、主要凭证与记录对照表

交易种类	账户	业务活动	主要凭证与记录
销售	销售收入	处理顾客订单	顾客订货单
	应收账款	批准赊销	销售通知单、销售单
		按销售单供货	顾客订货单、销售单
		按销售单装运货物	发货单
		向顾客开具账单	销售发票
		记录销售	记账凭证，应收款明细账、主营业务收入明细账
			应收账款度算表、对款单
货币资金收入	银行存款	处理与记录货币资金收入	汇款通知单
	库存现金		货币资金收入清单，收据
	应收账款		库存现金日记账或清单

交易种类	账户	业务活动	主要凭证与记录
销售退回	主营业务收入	处理与记录货币资金收入	销售发票、应收账款明细账、主营业务收入明细账
	应收账款		
坏账冲销	应收账款	冲销无法收回的应收账款	坏账审批表
	坏账准备		总账

第二节　销售与收款循环的控制测试和交易的实质性测试

在实施控制测试和交易的实质性测试之前，应实施风险评估程序，以了解销售与收款循环的相关内部控制制度及可能的风险点，识别和评估财务报表层次和认定层次的重大错报风险。了解被审计单位销售与收款循环的内部控制，并实施风险评估程序，是设计并实施进一步审计程序的基础。

一、风险评估程序

风险评估程序，是审计人员为了解被审计单位及其环境，以识别和评估重大错报风险而实施的审计程序。在风险导向审计模式下，风险评估程序是审计人员，尤其是外部审计人员，执行财务报表审计时必须执行的审计程序。风险评估程序应当包括询问管理层及被审计单位内部其他人员、分析程序、观察和检查。风险评估程序在承接业务之后就开始实施，风险评估程序包括识别财务报表层次的重大错报风险和认定层次的重大错报风险，其中识别财务报表层次的重大错报风险主要在审计计划阶段实施，本节主要关注认定层次的重大错报风险。

（一）了解销售与收款循环内部控制

销售与收款业务并不是简单的交易过程，而是分步骤的交易行为，即从收到客户的订单，洽谈交易事宜，到货物的交接、应收账款的产生，再到货款的催收与坏账的发生，还有退货和折让的发生等。在此过程中，企业不仅需要调查客户的信用，与客户展开激烈的价格谈判，全力组织客户需要的货物，灵活地处理销售折让和销售退回，而且还需要考虑应收账款的催收，分析应收账款账龄，考虑应收账款的可回收性等。所以销售与收款循环的内部控制制度是一项复杂的系统工程。

审计人员可以获取并了解被审计单位的销售与收款循环的业务流程图，复核被审计单位的内部控制自我评价材料，编制内部控制调查表等并执行穿行测试，从而实现对销售与收款循环内部控制的了解。为避免重复，销售与收款循环涉及的主要内部控制及可能的风险点在稍后的控制测试中，将结合控制测试对照说明。

（二）实施风险评估程序

在销售与收款循环实施风险评估程序，对注册会计师识别与收入确认相关的舞弊风险至关重要。例如，注册会计师通过了解被审计单位生产经营的基本情况、销售模式和业务流程、与收入相关的生产技术条件、收入的来源和构成、收入交易的特性、收入确认的具体原则、所在行业的特殊事项、重大异常交易的商业理由、被审计单位的业绩衡量等，有助于其考虑收入虚假错报可能采取的方式，从而设计恰当的审计程序以发现此类错报。

注册会计师应当评价通过实施风险评估程序和执行其他相关活动获取的信息是否表明存在舞弊风险因素。例如，如果注册会计师通过实施风险评估程序了解到，被审计单位所处行业竞争激烈并伴随着利润率的下降，而管理层过于强调提高被审计单位利润水平的目标，则注册会计师需要警惕管理层通过实施舞弊高估收入从而高估利润的风险。舞弊风险迹象是舞弊风险的表现形式，是注册会计师在实施审计过程中发现的，需要引起对舞弊风险警觉的事实或情况。审计人员应以职业谨慎态度高度关注相关舞弊风险迹象。存在舞弊风险迹象并不必然表明发生了舞弊，但了解舞弊风险迹象，有助于注册会计师对审计过程中发现的异常情况产生警觉，从而更有针对性地采取应对措施。通常表明被审计单位在收入确认方面可能存在舞弊风险的迹象如下。

注册会计师发现，被审计单位的客户是否付款取决于下列情况：能否从第三方取得融资，能否转售给第三方（如经销商），被审计单位能否满足特定的重要条件；未经客户同意，在销售合同约定的发货期之前发送商品；未经客户同意，将商品运送到销售合同约定地点以外的其他地点；被审计单位的销售记录表明，已将商品发往外部仓库或货运代理人，却未指明任何客户；在实际发货之前开具销售发票，或实际未发货而开具销售发票；对于期末之后的发货，在本期确认相关收入；实际销售情况与订单不符，或者根据已取消的订单发货或重复发货；已经销售给货运代理人的商品，在期后有大量退回；销售合同或发运单上的日期被更改，或者销售合同上加盖的公章并不属于合同所指定的客户；在接近期末时发生了大量或大额的交易；交易之后长期不进行结算；在被审计单位业务或其他相关事项未发生重大变化的情况下，询证函回函相符比例明显异于以前年度；发生异常大量的现金交易，或被审计单位有非正常的资金流转及往来，特别是有非正常现金收付的情况；应收款项收回时，付款单位与购买方不一致，存在较多代付款的情况；交易标的对交易对手而言不具有合理用途；主要客户自身规模与其交易规模不匹配。

二、销售与收款循环的内部控制和控制测试

表 3-2 为销售交易的控制目标、关键内部控制和测试一览表，将与销售交易有关的内部控制目标、关键内部控制，以及常用的相应的控制测试和交易的实质性测试分类列示。目的在于帮助审计人员根据具体情况设计出能够实现审计目标的审计方案，但它既未包含销售交易所有的内部控制、控制测试和实质性测试，也并不意味着审计实务中必须按此顺序与方法一成不变。实际工作中，因为被审计单位所处行业不同，规模不一，内部控制的健全与执行情况不同，而且审计人员还要考虑成本效益原则，所以应从实际出发，将一览表转换为更实用、更有效的审计计划。

表 3-2 销售交易的控制目标、关键内部控制和测试一览表

内部控制目标	关键内部控制	常用控制测试	常用的交易实质性程序
入账的销售交易确系已经发货给真实的顾客（发生）	销售交易是以经过审核的发运凭证及经过批准的顾客订货单为依据登记入账的； 发货前，顾客的赊购已经被授权批准； 销售发票均经事先编号并已恰当地登记入账；每月向顾客寄送对账单，对顾客提出的意见作专门追查	检查销售发票副联是否附有发运凭证（或提货单）及顾客订货单； 检查顾客的赊购是否经授权批准； 检查销售发票连续编号的完整性； 检查是否寄发对账单，并检查顾客回函档案	复核主营业务收入总账、明细账，以及应收账款明细账中的大额或异常项目； 追查主营业务收入明细账中的分录至销售单、销售发票副联及发运凭证； 将发运凭证与存货续记记录中的发运记录进行核对； 将主营业务收入明细账中的分录与销售单中的赊销审批和发运审批进行核对

内部控制目标	关键内部控制	常用控制测试	常用的交易实质性程序
所有销售交易均已登记入账（完整性）	发运凭证（或提货单）均经事先编号并已经登记长账；销售发票均经事先编号并已登记入账	检查发运凭证连续编号的完整性；检查销售发票连续编号的完整性	将发运凭证与相关的销售发票和主营业务收入明细账及应收账款明细账中的分录进行核对
登记入账的销售数量确系已发货的数量，已正确开具账单并登记入账（计价和分摊）	销售价格、付款条件、运费和销售折扣的确定已经适当的授权批准；由独立人员对销售发票的编制内部核查	检查销售发票是否经适当的授权批准；检查有关凭证上的内部核查标记	复算销售发票的数据；追查主管业务收入明细账中的分录至销售发票；追查销售发标上的详细信息至运凭证、经批准的商品价目表和顾客订货单
销售的交易的分类恰当	采用适当的会计科目表；内部复核和核查	检查会计科目是否适当；检查有关凭证上内部复核和核查的标记	检查证明销售交明分类正确的原始证据
销售交易的记录及时（截止）	采用尽量能在销售发生时开具收款账单和登记入账的控制方法；内部稽核	检查尚未开具收款账单的发货和尚未登记入账的销售交易；检查有关凭证上内部核查的标记	将销售交易登记入账的日期与发运凭证的日期比较核对
销售交易已经正确地记入明细账，并经正确汇总（准确性、计价和分摊）	每月定期给顾客寄送对账单；由独立人员对应收账款明细账作内部核查；将应收账款明细账余额合计数与其总账余额进行比较	观察对账单是否已经寄出；检查内部核查标记；检查将应收账款明细账余额合计数与其总余额进行比较的标记	将主营业务收放明细账加总，追查其至总账的过账

（一）销售与收款循环的内部控制

为使销售与收款循环中各个环节的工作能够有序进行，防止和揭露错误与舞弊，保证有关记录的真实可靠，减少坏账损失，企业需要建立健全销售与收款过程中的内部控制。销售与收款循环的内部控制主要包括以下几个方面。

1. 适当的职责分离

适当的职责分离有利于防止各种有意的或无意的错误。将销售与收款循环过程中的各项业务进行明确的分工和职权的划分，使各项工作之间既相互联系又相互牵制。常见的职责分离有以下几项。

企业的销售、发货、收款三项业务不能由同一部门或人员办理，应分别设立岗位；在销售合同订立前，应当指定专门人员就销售价格、信用政策、发货和收款方式等具体事项与客户进行谈判。谈判人员至少两人以上，并与订立合同的人员相分离；销售部门与赊销审批部门应分别设立，即销售职能与赊销批准职能要分离；编制销售单的人员与开具销售发票的人员要分离；销售退回与销售折扣、折让的审批职责与贷项通知单的签发职责要分离；应收票据的取得和贴现必须经过保管票据以外的主管人员的批准；主营业务收入明细账和应收账款明细账由不同的人员进行登记，同时由另一位不负责账簿记录的职员进行调节；负责主营业务收入和应收账款的记账人员不得经手现金。

2. 正确的授权审批

销售业务的授权审批主要集中在以下五个关键点上。

（1）赊销信用审批。在赊销发生之前，赊销要经过信用部门正确审批。

（2）发货审批。没有经过正当审批，不得发出货物。

（3）销售政策审批。对销售价格、销售条件、退货、折扣等销售政策进行审批。

（4）坏账发生必须经有关人员审批。这里的有关人员包括销售经理、会计员、财务经理、总经理等。

（5）限定审批授权范围。审批人应当根据授权审批制度的规定，在授权范围内进行审批，不得超越审批权限。对于超过单位既定销售政策和信用政策规定范围的特殊销售业务，单位应当集体决策。

前两项控制的目的在于防止企业财产因向虚构的或者无力支付的客户发货而蒙受损失；销售政策控制和坏账控制的目的在于保证销货业务按照企业政策规定的价格开票收款，合理计提坏账；设定审批权限的目的在于防止因审批人决策失误而造成损失。

3．充分的凭证和记录

内部控制的控制效果有赖于凭证处理程序的正确合理，要有健全的凭证和凭证传递制度来记录发生的销售业务，并将信息及时传递给销售部门、仓储部门、运输部门、财务部门和顾客。这样，整个循环中的业务有机联系和相互制约，可以达到控制的目的。

每个企业交易的产生、处理和记录等制度都有其特点，因此，很难评价各项控制是否足以发挥最大的作用。然而只要有充分的记录手续，就有可能实现各项控制目标。

销售与收款各环节应建立和健全凭证制度，如销售单、销售发票等。

凭证的预先编号。与销售有关的客户订单、销售通知单、发运单、销货发票等重要原始凭证要事先连续编号，指定专人保管，定期严格清点。票据预先连续编号的目的有两个：一是防止销货后忘记向客户开具账单或登记入账，即漏开发票；二是防止重复开具发票或重复入账。

销售与收款各环节应建立和健全账簿制度，及时登记账簿。

4．完善的检查控制

（1）按月寄出对账单。财务部门应与销售、信用管理部门配合，定期向应收账款明细账中涉及的顾客分送对账单，核对双方的账面记录，对双方账面记录结果的差异要及时调查调整。对账可以每月进行一次，由不负责现金出纳和销货及应收账款记账的人员按月向客户寄发对账单。

单位应当建立销货款的催收、应收账款账龄分析制度和逾期应收账款催收制度。对于已超过正常信用期限、长时间拖欠货款的顾客要以各种方式催促其尽快还款，对催收无效的逾期应收账款可通过法律程序予以解决。

不能及时收回的应收账款，应及时确认为坏账，已注销的坏账又收回的，应及时入账。

（2）定期核对应收账款等账户的总账和明细账。企业财务部应定期对应收账款总账和明细账核对，保证金额一致。

（3）完善的收款制度。销售收入应及时入账，不得设置账外账，不得坐支现金。销售人员应当避免接触销售现款。应收票据的取得和贴现必须经过由保管票据以外的主管人员的书面批准。应收票据要有专人保管，对于即将到期的票据应及时向付款人提示付款；已贴现票据应在备查账簿中登记，以便日后追踪管理。

（4）内部核查制度。如果企业内部没有经常的检查评价机制，内部控制可能随着时间的迁移而发生变化，因此，内部审计人员或其他独立人员应经常核查销货业务的处理和记录，评价销售与收款业务各项内部控制的质量与效果，这是不可缺少的一项控制措施。《内部会计控制规范——销售与收款（试行）》中明确了销售与收款内部控制监督检查的主要内容，包括销售与收款业务相关岗位及人员的设置情况、销售与收款业务授权审批制度的执行情况、销售的管理情况、收款的管理情况、销售退回的管理情况。

（二）销售与收款循环的控制测试

控制测试是为了确定内部控制的设计和执行是否有效而实施的审计程序。控制测试对于销售和收款这个领域具有十分重要的意义，因为这里主要是一些常规交易，交易的数量和规模都很大，单凭一些抽样、发函等实质性程序，不足以发现可能的错误。

在对销售与收款循环内部控制了解的基础上，审计人员只对那些准备信赖的内部控制执行测试，并且只有当信赖内部控制而减少的实质性程序的工作量大于控制测试的工作量时，控制测试才是必要和经济的。销售与收款循环控制测试主要包括以下几个部分。

1. 抽取一定数量的销售发票进行检查

检查销售发票本上所有的发票存根联是否连续编号，开票人员是否按照顺序开具发票，作废的发票是否加盖"作废"戳记并与存根联一并保存。

检查销售发票上的单价是否按批准的价目表执行，并将销售发票与相关的销售通知单、销售订单和出库单所载明的品名、规格、数量、价格相核对。销售通知单上应有信用部门的有关人员核准赊销的签字。

检查销售发票中所列的数量、单价和金额是否正确，包括将销售发票中所列商品的单价与商品价目表的价格进行核对，验算发票金额的正确性。

从销售发票追查至有关的记账凭证、应收账款明细账及主营业务收入明细账，确定被审计单位是否及时、正确地登记有关凭证、账簿。

2. 抽取一定数量的出库单或提货单进行检查

与相关的发票相核对，检查已发出的商品是否均已向顾客开出发票。

3. 抽取一定数量的销售调整业务的会计凭证进行检查

检查销售退回、折扣与折让的核准与会计核算，主要包括以下内容。

·确定销售退回、折扣与折让的批准与贷项通知单的签发职责是否分离；确定现金折扣是否经过适当授权，授权人与收款人的职责是否分离；检查销售退回、折扣与折让是否附有按顺序编号并经主管人员核准的贷项通知单；检查退回的商品是否具有仓库签发的退货验收报告（或入库单），并将验收报告的数量、金额与贷项通知单等核对；确定销售退回、折扣与折让的会计记录是否正确。

4. 抽取一定数量的记账凭证、应收账款明细账进行检查

从应收账款明细账中抽取一定的记录并与相应的记账凭证进行核对，比较二者登记的时间、金额是否一致。

从应收账款明细账中抽查一定数量的坏账注销业务，并与相应的记账凭证、原始凭证进行核对，确定坏账的注销是否合乎有关法规的规定，企业主管人员是否核准等。

确定被审计单位是否定期与顾客对账，在可能的情况下，将被审计单位一定期间的对账单与相应的应收账款明细账的余额进行核对，如有差异，则应进行追查。

5. 检查主营业务收入明细账

从主营业务收入明细账中抽取一定数量的会计记录，并与有关的记账凭证、销货发票相核对，以确定是否存在高估或低估收入的情况。

6. 实地观察

观察被审计单位是否按月寄发对账单，检查顾客回函档案。

观察职工获得或接触资产、凭证和记录（包括存货、销售单、出库单、销售发票、账簿、现金及支票）的途径。

观察职工在执行授权、发货、开票、记账等职责时的表现，确定被审计单位是否存在必要的职责分离，内部控制在执行过程中是否存在弊端。

在对销售与收款循环内部控制进行测试的基础上，审计人员应当对该循环内部控制的健全情况、执行情况和控制风险作出评价，以确定其可信赖程度及存在的薄弱环节，并确定实质性程序的性质、时间和范围。对控制薄弱的环节，可作为实质性程序的重点，以降低检查风险，将审计风险控制在可

接受的水平。对测试过程中发现的问题还应当在工作底稿中作出记录，并以适当的形式告知被审计单位的管理层。

三、销售交易的实质性测试

有些交易的实质性测试取决于内部控制的健全程序和控制测试的结果与环境条件的关系极为密切，有些交易的实质性测试与环境条件关系不大，适用于各种审计项目，下面将较为详细地介绍针对销售交易的常用的实质性程序。需要说明的是，这些实质性程序并未包含销售交易全部的实质性程序；一些实质性程序可以实现多项控制目标，而非仅能实现一项控制目标。

（一）审计登记入账的销售交易的真实性

在财务报表舞弊审计案件中，销售交易的真实性问题，即销售收入确认已经成为审计的高风险领域。这就要求审计人员在销售交易审计中秉承职业谨慎态度，在识别和评估由于舞弊导致的重大错报风险时，应当假定销售收入确认存在舞弊风险，并以此假定为前提审计登记入账的销售交易的真实性，而不仅仅是以中立的观念进行复核。

对于销售的"真实性"目标，审计人员一般关心三类销售错误或舞弊情形（见表3-3）。尽管向虚构的顾客发货，并作为销售交易登记入账的情况不经常发生，但其后果却十分严重，这将直接导致高估资产和收入。

表3-3　三类销售错误或舞弊情形

销售错误情形	是否故意	风险因素	无意时发现手段
1. 未曾发货却已将销售交易登记入账	不一定	较大	函证
2. 销售交易重复入账	不一定	较大	函证
3. 向虚构的顾客发货，并作为销售交易登记入账	故意	试图隐瞒，风险很大	—

如何以恰当的实质性程序来发现不真实的销售呢？这取决于审计人员认为可能在何处发生错误或舞弊。对于"发生"这一目标而言，审计人员通常只在认为内部控制有明显弱点时，才实施实质性程序。因此，测试的性质取决于潜在的控制弱点的性质。

针对未曾发货却已将销售交易登记入账这类错误发生的可能性，审计人员可以从主营业务收入明细账中抽取若干笔分录，追查有无发运凭证及其他佐证，借以查明有无事实上没有发货却已登记入账的销售交易。如果对发运凭证等的真实性也有怀疑，就可能有必要进一步追查存货的永续盘存记录，测试存货余额有无减少。

针对销售交易重复入账这类错误发生的可能性，审计人员可以通过检查企业的销售交易记录清单来确定是否存在重号、缺号。

针对向虚构的顾客发货，并作为销售交易登记入账这类错误发生的可能性，审计人员应当检查主营业务收入明细账中与销售分录相应的销货单，以确定销售是否履行赊销批准手续和发货审批手续。

检查上述三类高估销售错误与舞弊的可能性的另一有效办法是追查应收账款明细账中的贷方发生额的记录。如果应收账款最终得以收回货款或者由于合理的原因收到退货，则记录入账的销售交易一开始通常是真实的；如果贷方发生额是注销坏账，或者直到审计时所欠货款仍未收回，就必须详细追查相应的发运凭证和顾客订货单，因为这些迹象往往表明可能存在虚构的销售交易。

另外，审计人员可以采用以下措施应对可能的虚假交易。

向被审计单位负责销售和市场开发的人员询问临近期末的销售或发货情况，向被审计单位内部法律顾问询问临近期末签订的销售合同是否存在异常的合同条款或条件。

对于通过电子方式自动生成、处理、记录的销售交易，实施控制测试以确定这些控制是否能够为所记录的收入交易已真实发生并得到适当记录提供保证。

检查已记录的大额现金收入，关注其是否有真实的商业背景；检查银行对账单和大额现金交易，关注是否存在异常的资金流动。

结合出库单及销售费用中的运输费等明细，检查货物运输单，关注货物的流动是否真实存在，从而确定交易的真实性。

结合销售合同中与收款、验收相关的主要条款，对于大额应收账款长期未收回的客户，分析被审计单位仍向其进行销售的合理性和真实性。

将临近期末发生的大额交易或异常交易与原始凭证相核对。

检查临近期末执行的重要销售合同，以发现是否存在异常的定价、结算、发货、退货、换货或验收条款。对期后实施特定的检查，以发现是否存在改变或撤销合同条款的情况，以及是否存在退款的情况。

浏览期后一定时间的总账和明细账，以发现是否存在销售收入冲回或大额销售退回的情况。

（二）审计已经发生的销售交易是否均已登记入账

"高估资产与收入"是被审计单位在粉饰财务状况和经营成果时惯用的伎俩，因此，销售交易的审计一般偏重于检查高估资产与收入的问题。但是，如果内部控制不健全，比如被审计单位没有由发运凭证追查至主营业务收入明细账这一独立内部核查程序，就有必要实施这项交易的实质性程序了。审计已经发生的销售交易是否均已登记入账这一程序主要是测试"完整性"，防止"低估"风险。例如，审计人员可以采用"分析和检查预收账款等账户期末余额，确定不存在应在本期确认收入而未确认的情况"，以应对可能的漏记。通常的程序是，从发货部门的档案中选取部分发运凭证，并追查至有关的销售发票副本和主营业务收入明细账，这是测试未开票发货的一种有效程序。为使这一程序成为一项有意义的测试，审计人员必须确信全部发运凭证均已归档，这一点可以通过检查凭证的编号顺序来查明。

需要说明的是，在测试"发生"认定和"完整性"认定的目标时，测试的起点即方向十分重要。测试"发生"认定的目标时，起点是明细账，即从主营业务收入明细账中抽取一个发票号码样本，追查至销售发票存根、发运凭证，以及顾客订货单；测试"完整性"认定的目标时，起点是发货凭证，即从发运凭证中选取样本，追查至销售发票存根和主营业务收入明细账，以测试是否存在遗漏事项。

在设计"发生"认定的目标和"完整性"认定的目标的审计程序时，确定追查凭证的起点即测试的方向很重要。如果追查的方向并不是关心的目标或者弄错追查方向，就属于严重的审计缺陷。关于这一点，在后面的主营业务收入的实质性程序中还将进一步说明。

另外，在测试其他目标时，方向一般无关紧要。例如，测试交易业务计价的准确性时，可以由销售发票追查至发运凭证，也可以反向追查。

（三）审计登记入账的销售交易均已正确计价

销售交易计价的准确性包括按订货数量发货，按发货数量准确地开具账单，将账单上的数额准确地记入会计账簿。对这三个方面，每次审计中一般都要实施实质性程序，以确保其准确无误。

复算会计记录中的数据是典型的实质性程序。一般以主营业务收入明细账中的会计分录为起点，将所选择的交易业务的合计数与应收账款明细账和销售发票存根进行比较核对。

销售发票存根上所列的单价，通常还要与经过批准的商品价目表进行比较核对，金额小计和合计数均要进行复算。

发票中列出的商品规格、数量和顾客代号等，则应与发运凭证进行比较。另外，往往还要审核顾客订货单和销售单中的同类数据。将计价准确性目标中的控制测试和实质性程序所作的比较，便可作为例证来说明有效的内部控制如何节约了审计时间。在计价目标的控制测试中只需要审核一下签字或者其他内部核查的证据即可。由此可以证明一个事实：有效的内部控制可以极大地减少实质性测试工作量，降低审计成本。

（四）审计登记入账的销售交易分类恰当

如果把销售分为现销和赊销两种，应注意不要在现销时借记应收账款，也不要在收回应收账款时贷记主营业务收入，同样不要将营业资产的销售（例如固定资产销售）混为主营业务销售。对那些采用不止一种销售分类的企业（例如需要编制分部报表的企业）来说，正确的分类是极为重要的。

销售分类恰当的测试一般可与计价准确性测试一并进行。审计人员可以通过审核原始凭证确定具体交易业务的类别是否恰当，并以此与账簿的实际记录作比较。

（五）审计销售交易的记录是否及时

销售交易记录的及时，是指发货后应尽快开具账单并登记入账，以防止无意漏记销售交易，确保它们记入正确的会计期间。此程序可与计价准确性实质性程序同时进行，一般要将所选取的提货单或其他发运凭证的日期与相应的销售发票存根、主营业务收入明细账和应收账款明细账上的日期作比较，若发现重大差异，就可能存在销售截止期限的错误。

(六) 审计销售交易已正确记入明细账并正确地汇总

在多数审计中,通常要加总主营业务收入明细账数,并将加总数和一些具体内容分别追查至主营业务收入总账和应收账款明细账或库存现金、银行存款日记账,以检查在销售过程中是否存在有意或无意的错报问题。不过,这一测试的样本量要受内部控制的影响。从主营业务收入明细账追查至应收账款明细账,一般与为实现其他审计目标所作的测试一并进行,而将主营业务收入明细账数加总,并追查、核对加总数至其总账,则应作为单独的一项测试程序来执行。

第三节　营业收入的实质性测试

在销售与收款循环中,主营业务收入是企业在销售商品、提供劳务等主要经营活动中所产生的收入,是企业的主要收入形式,是形成企业财务成果的主要项目,是财务报表审计中十分重要的内容。

一、主营业务收入的审计目标

主营业务收入的审计目标包括:确定记录的主营业务收入是否真实;确定主营业务收入的记录是否完整;确定与主营业务收入有关的金额及其他数据、会计处理是否已恰当记录;确定主营业务收入是否记录于正确的会计期间;确定主营业务收入的内容是否正确;确定主营业务收入的披露是否恰当。

二、主营业务收入的实质性测试

(一) 取得或编制主营业务收入明细表

取得或编制主营业务收入明细表,复核加计正确,并与总账和明细账合计数核对相符。同时,结合其他业务收入科目数额,与报表数核对相符。

(二) 查明主营业务收入的确认原则、方法是否正确

注意是否符合企业会计准则和会计制度规定的收入实现条件,前后期是否一致。特别关注周期性、偶然性的收入是否符合既定的收入确认原则和方法。

采用交款提货方式，应于货款已收到或取得收取货款的权利，同时已将发票账单和提货单交给购货单位时确认收入的实现。对此，审计人员应着重检查被审计单位是否收到或取得收取货款的权利，发票账单和提货单是否已交付购货单位。应注意有无扣押结算凭证，将当期收入转入下期收入，或者虚记收入，开假发票，虚列购货单位，将当期未实现的收入虚转为收入记账，在下期给予冲销的现象。

采用预收账款销售方式，应于商品已经发出时，确认收入的实现。对此，审计人员应着重检查被审计单位是否收到了货款，商品是否已经发出。应注意是否存在对已收货款并已将商品发出的交易不入账、转入下期收入，或开具虚假出库凭证、虚增收入等现象。

采用托收承付结算方式，应于商品已经发出，劳务已经提供，并已将发票账单提交银行，办妥收款手续时确认收入的实现。对此，审计人员应着重检查被审计单位是否发货，托收手续是否办妥，货物发运凭证是否真实，托收承付结算回单是否正确。

委托其他单位代销商品的，如果代销单位采用视同买断方式，应于代销商品已经销售并收到代销单位代销清单时，按企业与代销单位的协议价确认收入的实现，对此，应注意查明有无商品未销售，编制虚假代销清单，虚增本期收入的现象；如果代销单位采用收取手续费方式，应在代销单位将商品销售后，企业已收到代销单位代销清单时确认收入的实现。

销售合同或协议明确销售价款的收取采用递延方式，实质上具有融资性质的，应当按照应收的合同或协议价款的公允价值确定销售商品收入金额。应收的合同或协议价款与其公允价值之间的差额，应当在合同或协议期间内采用实际利率法进行摊销，计入当期损益。

长期工程合同收入，如果合同的结果能够可靠估计，应当根据完工百分比法确认合同收入。审计人员应重点检查收入的计算、确认方法是否合乎规定，并核对应计收入与实际收入是否一致，注意查明有无随意确认收入，虚增或虚减本期收入的情况。

委托外贸代理出口、实行代理制方式的，应在收到外贸企业代办的发运凭证和银行交款凭证时确认收入。对此，审计人员应重点检查代办发运凭证和银行交款单是否真实，注意有无内外勾结、出具虚假发运凭证或虚假银行凭证的情况。

对外转让土地使用权和销售商品房的，通常应在土地使用权和商品房已经移交并将发票结算账单提交对方时确认收入。对此，审计人员应重点检查已办理的移交手续是否符合规定要求，发票账单是否已交对方。注意查明被审计单位有无编造虚假移交手续，采用"分层套写"、开具虚假发票的行为，防止其高价出售、低价入账，从中贪污货款。如果企业事先与买方签订了不可撤销合同，按合同要求开发房地产，则应按建造合同的处理原则处理。

当然，针对不同情况，审计人员可采用以下应对措施。

如果被审计单位采用完工百分比法确认与提供劳务或建造合同相关的收入，注册会计师需要检查相关合同或其他文件，以发现确认完工百分比的方法是否合理，与从被审计单位内部获取的资料中的相关信息是否一致，以及完成的工作能否取得被审计单位客户的确认，能否得到监理报告、被审计单位与客户的结算单据等外部证据的验证，必要时可以利用专家的工作。

如果被审计单位采用经销商的销售模式，注册会计师需要关注主要经销商与被审计单位之间是否存在关联方关系，并通过检查被审计单位与经销商之间的协议或销售合同、出库单、货运单、商品验收单等相关支持性凭证，以确定是否满足收入确认的条件。此外，注册会计师还可以关注经销商布局的合理性，被审计单位频繁发生经销商加入和退出的情况，以及被审计单位对不稳定经销商的收入确认是否适当，退换货损失的处理是否适当等。

如果被审计单位采用代理商的销售模式，注册会计师需要检查被审计单位与代理商之间的协议或合同，确定是否确实存在委托与代理关系，并检查被审计单位收入确认是否有代理商的销售清单、货物最终销售的证明等支持性凭据。

（三）选择运用实质性分析程序

审计中应注意选择运用以下实质性分析程序。

首先，将本期与上期的主营业务收入进行比较，分析产品销售的结构和价格的变动是否正常，并分析异常变动的原因；比较本期各月各种主营业务收入的波动情况，分析其变动趋势是否正常，是否符合被审计单位季节性、周期性的经营规律，并查明异常现象和重大波动的原因。其次，计算本期重要产品的毛利率，分析比较本期与上期同类产品毛利率变化情况，注意收入与成本是否配比，并查清重大波动和异常情况的原因；计算对重要客户的销售额及产品毛利率，分析比较本期与上期有无异常变化。然后，将销售收入变动幅度与销售商品及提供劳务收到的现金、应收账款、存货、税金等项目的变动幅度进行比较；将销售毛利率、应收账款周转率、存货周转率等关键财务指标与可比期间数据、预算数或同行业其他企业数据进行比较。最后，分析销售收入等财务信息与投入产出率、劳动生产率、产能、水电能耗、运输数量等非财务信息之间的关系；分析销售收入与销售费用之间的关系，包括销售人员的人均业绩指标、销售人员薪酬、差旅费用、运费，以及销售机构的设置、规模、数量、分布等。最后，将上述分析结果与同行业本期相关资料进行对比分析，检查是否存在异常。

审计人员通过实施分析程序，可能识别出未注意到的异常关系或难以发现的变动趋势，从而有目的、有针对性地关注可能发生重大错报风险的领域，有助于评估重大错报风险，为设计和实施应对措施提供基础。例如，如果审计人员发现被审计单位不断地为完成销售目标而增加销售量，或者大量销售因不能收现而导致应收账款大量增加，需要对销售收入的真实性予以额外关注；如果审计人员发现被审计单位临近期末销售量大幅增加，需要警惕将下期收入提前确认的可能性；如果审计人员发现单笔大额收入能够减轻被审计单位盈利方面的压力，或使被审计单位完成销售目标，需要警惕被审计单位虚构收入的可能性。

如果发现异常或偏离预期的趋势或关系，审计人员需要认真调查其原因，评价是否表明可能存在由于舞弊导致的重大错报风险。涉及期末收入和利润的异常关系尤其值得关注，例如在报告期的最后几周内记录了不寻常的大额收入或异常交易。审计人员可能采取的调查方法举例如下。

如果审计人员发现被审计单位的毛利率变动较大或与所在行业的平均毛利率差异较大，审计人员可以采用定性分析与定量分析相结合的方法，从行业及市场变化趋势、产品销售价格和产品成本要素等方面对毛利率变动的合理性进行调查。

如果审计人员发现应收账款余额较大，或其增长幅度高于销售收入的增长幅度，审计人员需要分析具体原因（如赊销政策和信用期限是否发生变化），并在必要时采取恰当的措施，如扩大函证比例，增加截止测试和期后收款测试的比例等。

如果审计人员发现被审计单位的收入增长幅度明显高于管理层的预期，可以询问管理层的适当人员，并考虑管理层的答复是否与其他审计证据一致，例如，如果管理层表示收入增长是由于销售量增加所致，审计人员可以调查与市场需求相关的情况。

（四）审查主营业务收入确认与计量是否正确

在主营业务收入确认方面，前述销售交易的真实性审计是主营业务收入确认的前提，假定收入确认存在舞弊风险，审计人员应该考虑可能的收入确认舞弊手段。我们知道，被审计单位不同，管理层实施舞弊的动机或压力不同，其舞弊风险所涉及的具体认定也不同，一般总结为三类：高估收入的动机或压力；隐瞒收入而降低税负的动机；收入提前确认或推迟至下一年确认的动机等。因此，主营业务收入确认时主要以还原业务的真实情况为目标，设计不同的审计程序，发现可能在"真实性""完整性"和"截止"等认定方面存在的问题。

在主营业务收入计量的正确性方面，审计人员主要采用以下程序。

首先，根据增值税发票申报表或普通发票，估算全年收入，与实际入账收入金额核对，并检查是否存在虚开发票或已销售但未开发票的情况。

其次，获取产品价格目录，抽查售价是否符合定价政策，并注意销售给关联方或关系密切的重要客户的产品价格是否合理，有无低价或高价结算以转移收入和利润的现象。

然后，抽取本期一定数量的销售发票，检查开票、记账、发货日期是否相符，品名、数量、单价、金额等是否与发运凭证、销售合同或协议、记账凭证等一致。

最后，抽取本期一定数量的记账凭证，检查入账日期、品名、数量、单价、金额等是否与销售发票、发运凭证、销售合同或协议等一致。如前所述，了解被审计单位通常采用的收入确认舞弊手段，有助于审计人员更加有针对性地实施审计程序。被审计单位通常采用的收入确认舞弊手段分为两类。

一类是为了达到粉饰财务报表的目的而虚增收入或提前确认收入。例如利用与未披露关联方之间的资金循环虚构交易；通过未披露的关联方进行显失公允的交易，如以明显高于其他客户的价格向未披露的关联方销售商品；通过出售关联方的股权，使之从形式上不再构成关联方，但仍与之进行显失公允的交易，或与未来或潜在的关联方进行显失公允的交易；通过虚开商品销售发票虚增收入，而将货款挂在应收账款中，并可能在以后期间计提坏账准备，或在期后冲销；为了虚构销售收入，将商品从某一地点移送至另一地点，凭出库单和运输单为依据记录销售收入；在与商品相关的风险和报酬尚未全部转移给客户之前确认销售收入。比如，销售合同中约定被审计单位的客户在一定时间内有权无条件退货，而被审计单位隐瞒退货条款，在发货时全额确认销售收入；通过隐瞒售后回购或售后租回协议，而将以售后回购或售后租回方式发出的商品作为销售商品确认收入；采用完工百分比法确认劳务收入时，故意低估预计总成本或多计实际发生的成本，以通过高估完工百分比的方法实现当期多确认收入；在采用代理商的销售模式时，在代理商仅向购销双方提供帮助接洽、磋商等中介代理服务的情况下，按照相关购销交易的总额而非净额（扣除佣金和代理费等）确认收入；当存在多种可供选择的收入确认会计政策或会计估计方法时，随意变更所选择的会计政策或会计估计方法；选择与销售模式不匹配的收入确认会计政策。

另一类是为了达到报告期内降低税负或转移利润等目的而少计收入或延后确认收入。例如被审计单位将商品发出、收到货款并满足收入确认条件后，不确认收入，而将收到的货款作为负债挂账，或转入本单位以外的其他账户；被审计单位采用以旧换新的方式销售商品时，以新旧商品的差价确认收入；在提供劳务或建造合同的结果能够可靠估计的情况下，不在资产负债表日按完工百分比法确认收入，而推迟到劳务结束或工程完工时确认收入。

（五）实施销售的截止测试

对主营业务收入实施截止测试，其目的主要在于确定被审计单位主营业务收入的会计记录归属期是否正确，应计入本期或下期的主营业务收入有无被推延至下期或提前至本期。

根据收入确认的基本原则，审计人员在审计中应该注意把握三个与主营业务收入确认有着密切关系的日期：一是发票开具日期或收入日期；二是记账日期；三是发货日期（服务业则是提供劳务的日期）。这里的发票开具日期是指开具增值税专用发票或普通发票的日期；记账日期是指被审计单位确认主营业务实现并将该笔经济业务记入主营业务收入账户的日期；发货日期是指仓库开具出库单并发出库存商品的日期。检查三者是否归属于同一适当会计期间是主营业务收入截止测试的关键所在。

围绕上述三个重要日期，在审计实务中，审计人员可以考虑选择三条审计路线实施主营业务收入的截止测试。

一是以账簿记录为起点。从资产负债表日前后若干天的账簿记录追查至记账凭证，检查发票存根与发运凭证，目的是证实已入账收入是否在同一期间已开具发票并发货，有无多计收入。这种方法的优点是比较直观，容易追查至相关凭证记录，以确定其是否应在本期确认收入，特别是在连续审计两个以上会计期间时，检查跨期收入十分便捷，可以提高审计效率。缺点是缺乏全面性和连贯性，只能查多计，无法查漏计，尤其是当本期漏计收入延至下期，而审计时被审计单位尚未及时登账时，不易发现应计入而未计入报告期收入的情况。因此，使用这种方法主要是为了防止多计收入。

二是以销售发票为起点。从资产负债表日前后若干天的发票存根追查至发运凭证与账簿记录，确定已开具发票的货物是否已发货并于同一会计期间确认收入。具体做法是抽取若干张在资产负债表日前后开具的销售发票的存根，追查至发运凭证和账簿记录，查明有无漏计收入现象。这种方法也有其优缺点：优点是较全面、连贯，容易发现漏计的收入；缺点是较费时费力，有时难以查找相应的发货及账簿记录，而且不易发现多计的收入。使用该方法时应注意两点：相应的发运凭证是否齐全，特别应注意有无报告期内已作收入而下期期初用红字冲回，并且无发货、收货记录，以此调节前后期利润的情况；被审计单位的发票存根是否已全部提供，有无隐瞒。为此，应查看被审计单位的发票领购簿，尤其应关注普通发票的领购和使用情况。因此，使用这种方法主要是为了防止少计收入。

三是以发运凭证为起点。从资产负债表日前后若干天的发运凭证追查至发票开具情况与账簿记录，确定主营业务收入是否已记入恰当的会计期间。该方法的优缺点与方法二类似，具体操作中还应考虑被审计单位的会计政策才能作出恰如其分的处理。因此，使用这种方法主要也是为了防止少计收入。

上述三条审计路线在实务中均被广泛采用，它们并不是孤立的，审计人员可以考虑在同一被审计单位财务报表审计中并用这三条路线，甚至可以在同一主营业务收入科目审计中并用。实际上，由于被审计单位的具体情况各异，管理层意图各不相同，有的为了想办法完成利润目标和承包指标，更多地享受税收等优惠政策，便于筹资等目的可能会多计收入，有的则为了以丰补歉、留有余地、推迟缴税时间等目的而少计收入。因此，为提高审计效率，审计人员应当凭借专业经验和掌握的信息、资料作出正确判断，选择其中的一条或两条审计路线实施更有效的收入截止测试。

（六）检查销售退回、折扣与折让

主要检查销售退回、折扣与折让业务是否真实，内容是否完整，相关手续是否符合规定，折扣与折让的计算和会计处理是否正确。企业在销售交易中，往往会因产品品种不符、质量不符合要求，以及结算方面的原因发生销售退回、折扣与折让。尽管引起销售退回、折扣与折让的原因不尽相同，其表现形式也不尽一致，但都是对收入的抵减，直接影响收入的确认和计量。因此，审计人员应重视销售退回、折扣与折让的审计。

销售退回、折扣与折让的实质性程序主要包括以下内容。

首先，获取或编制销售退回、折扣与折让明细表，复核加计正确，并与明细账合计数核对相符。

其次，取得被审计单位有关销售退回、折扣与折让的具体规定和其他文件资料，并抽查较大的销售退回、折扣与折让发生额的授权批准情况，与实际执行情况进行核对，检查其是否经授权批准，是否合法、真实。

然后，检查销售退回的产品是否已验收入库并登记入账，有无形成账外物资情况；销售折扣与折让是否及时足额提交对方，有无虚设中介、转移收入、私设账外"小金库"等情况。

最后，检查销售退回、折扣与折让的会计处理是否正确。

（七）检查有无特殊的销售行为

检查有无特殊的销售行为，如附有销售退回条件的商品销售、委托代销、售后回购、以旧换新、商品需要安装和检验的销售、分期收款销售、出口销售、售后租回等，确定恰当的审计程序进行审核。

1. 附有销售退回条件的商品销售

如果对退货部分能作合理估计的，确定其是否按估计不会退货部分确认收入；如果对退货部分不能作合理估计的，确定其是否在退货期满时确认收入。

2. 售后回购

分析特定销售回购的实质，判断其是属于真正的销售交易，还是属于融资行为。

3. 以旧换新销售

确定销售的商品是否按照商品销售的方法确认收入，回收的商品是否作为购进商品处理。

4. 出口销售

确定其是否按离岸价格、到岸价格或成本加运费价格等不同的成交方式确认收入的时点和金额。

5. 售后租回

若售后租回形成一项融资租赁，检查是否对售价与资产账面价值之间的差额予以递延，并按该项租赁资产的折旧进度进行分摊，作为折旧费用的调整；若售后租回形成一项经营租赁，检查是否对售价与资产账面价值之间的差额予以递延，并在租赁期内按照与确认租金费用相一致的方法进行分摊，作为租金费用的调整。但对有确凿证据表明售后租回交易是按照公允价值达成的，检查售价与资产账面价值之间的差额是否已经计入当期损益。

（八）其他需要关注的事项

其一，结合对资产负债表日应收账款的函证程序，检查有无未经顾客认可的巨额销售。

其二，调查集团内部销售情况，记录其交易价格、数量和金额，并追查在编制合并财务报表时是否已予以抵销。

其三，调查向关联方销售的情况，记录其交易品种、数量、价格、金额，以及占主营业务收入总额的比例。

其四，如果存在被审计单位关联方注销及非关联化的情况，注册会计师需要关注被审计单位将原关联方非关联化行为的动机及后续交易的真实性、公允性。

（九）确定主营业务收入的列报是否恰当

按照企业会计准则的规定，企业应在年度财务报表附注中说明以下两项内容。

1. 收入确认所采用的会计政策

主要包括：在各项重大交易中，企业确认收入采用的确认原则，如果被审计单位在本期存在与收入确认相关的重大会计政策、会计估计变更或会计差错更正事项，分析这些事项是否合理，检查是否在财务报表附注中作恰当披露；是否有采用分期付款确认收入的情况；确定劳务的完成程度所采用的方法。

2. 当期确认每一重大的收入项目的金额

包括商品销售收入、劳务收入、利息收入、使用费收入。

三、其他业务收入的实质性测试

其他业务收入的实质性测试一般包括以下内容。

第一，获取或编制其他业务收入明细表，包括复核加计正确，并与总账数和明细账合计数核对相符；注意其他业务收入是否有相应的成本；检查是否存在技术转让等免税收益，如有，应调减应纳税所得额。

第二，计算本期其他业务收入与其他业务成本的比率，并与上期比率比较，检查是否有重大波动，如有，应查明原因。

第三，检查其他业务收入内容是否真实、合法，收入确认原则及会计处理是否符合规定，择要抽查原始凭证予以核实。

第四，重大异常项目的审查，对异常项目，应追查入账依据及有关法律文件是否充分。

第五，执行截止测试。抽查资产负债表日前后一定数量的记账凭证，实施截止测试，追踪至发票、收据等，确定入账时间是否正确，对于重大跨期事项提出必要的调整建议。

第六，确定其他业务收入的列报是否恰当。

第四节　应收账款的实质性测试

应收账款是企业在销售货物业务中产生的债权，即企业因销售商品、产品或提供劳务等原因，应向购货单位或接受劳务单位收取的款项或代垫的运杂费等。应收账款的实质性测试是销售与收款循环审计中的重点内容，一般应结合销货业务来进行。

一、应收账款的审计目标

应收账款的审计目标一般包括：确定应收账款是否已经发生；确定应收账款是否归被审计单位所有；确定应收账款的增减变动记录是否完整；确定应收账款是否可收回，坏账准备的计提是否恰当；确定应收账款的期末余额是否正确；确定应收账款在财务报表上的披露是否恰当。

二、应收账款实质性测试的性质

应收账款实质性测试，是指用于发现应收账款认定层次重大错报的审计程序。应收账款实质性测试的性质，是指应收账款执行实质性程序时的类型及其组合。

应收账款实质性测试的两种基本类型是实质性分析程序及交易、账户余额和披露的细节测试（以下简称余额细节测试）。实质性分析程序从技术特征上看仍然是分析程序，主要是通过研究应收账款相关数据间的关系来评价信息，或者说是将分析程序用作实质性程序，用以识别销售交易、应收账款余额及相关认定是否存在错报。余额细节测试是对销售交易、应收账款余额、列报的具体细节进行测试，目的在于直接识别应收账款相关认定是否存在错报。

事实上，审计人员应该设计适当的应收账款实质性程序的方法。将审计计划与审计方案等原理性知识应用于应收账款实质性程序的设计之中。图3-2列示了应收账款审计的整体思路，本节测试内容主要涉及图中第三阶段。下面分别介绍应收账款在执行实质性程序时的实质性分析程序及交易、账户余额和披露的细节测试。

三、对应收账款实施实质性分析程序

实质性测试阶段所执行的大多数分析程序都是在资产负债表日后、余额细节测试之前执行。在被审计单位记录全年所有交易和最后编制财务报表完成之前执行大量的实质性分析程序意义不大。

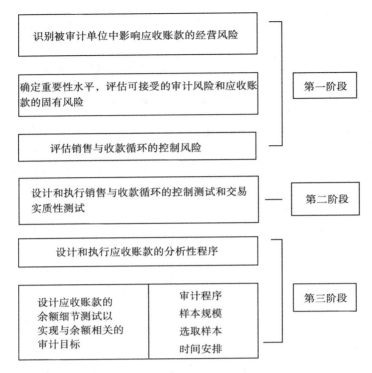

图 3-2 应收账款审计的审计思路

分析性程序是对整个销售与收款循环执行的，而不是仅仅针对应收账款执行的，这样做是因为在利润表账户与资产负债表账户之间存在密切的联系。如果审计人员通过分析程序确定了在主营业务收入或销售退回、折扣与折让中的可能错报，那么应收账款将可能抵销这些错报。

表 3-4 列示了销售与收款循环中几种主要的比较，以及实质性分析程序可能暗示的潜在错报。尽管表中主要关注当前年度结果与以前年度结果的比较，但审计人员也可以考虑当前年度结果与预算数和行业趋势的比较。要特别注意那些影响资产负债表账户与利润表账户的"潜在错报"。例如，当审计人员对销售交易执行实质性分析程序时，可以获得主营业务收入与应收账款两个账户的相关证据。

表 3-4 销售与收款循环的实质性分析程序

实质性分析程序	可能的错报
将本年度的毛利率与以前年度比较（按产品系列）	高估或低估主营业务收入和应收账款

续表

实质性分析程序	可能的错报
按月比较一定时期的主营业务收入（按产品系列）	高估或低估主营业务收入和应收账款
将销售退回、折扣与折让占销售收入总额的比例与以前年度比较（按产品系列）	高估或低估销售退回、折扣与折让及应收账款
将超过一定数额的个别顾客欠款与以前年度进行比较	没有给无法收回的应收款提取准备
将应收账款的欠款天数与以前年度比较，并对应帐账款周转率作同样的比较	高估或低做坏账准备和坏账费用（损失）；也可能暗示有虚构的应收账款
将各账龄的款项占应账款的比例与以前年度比较	高估或低估坏账准备和坏账损失
将坏账准备占应收帐款的比例与以前年度比较	高估或低估坏账准备和坏账损失
将已经冲销的坏账占应收账款的比例与以前年度比较	高估或低估坏账准备和坏账损失

除了执行表 3-4 中的实质性分析程序外，对应收账款实施实质性分析程序一般还包括以下内容。

复核应收账款借方累计发生额与主营业务收入是否配比，如存在不匹配的情况应查明原因。企业赊销货物时，应在规定的"截止"期内，采用正确的金额，一方面借记应收账款，另一方面贷记主营业务收入及增值税税额，使应收账款发生额与主营业务收入及增值税税额相互匹配。如果企业存在虚增、虚减应收账款或夸大或缩减主营业务收入时，可能表现为应收账款借方累计发生额与主营业务收入不匹配的情形。在实施应收账款实质性分析程序时应通过复核程序首先确认应收账款与主营业务收入的匹配情况。

编制对重要客户的应收账款增减变动表并分析其合理性。在实际工作中，企业应收账款的客户或多或少，但对于重要的客户可以首先在明细表上标注出来，以便编制对重要客户的应收账款增减变动表。编制对重要客户的应收账款增减变动表的目的是与上期比较分析，发现是否发生变动，分析变动原因，并了解是否合理，必要时还可以收集客户资料，这有助于分析其变动的合理性。对于大额和异常的应收账款，特别是拖欠时间长，关联公司或其他关联方的应收账款，以及有贷方余额的应收账款，审计人员应当复核报表日的应收账款清单（账龄试算表），以便确定需要进一步调查的账户。

计算相关指标执行分析判断。计算应收账款周转率、应收账款周转天数等指标，并与被审计单位以前年度、同行业同期相关指标对比分析，检查是否存在重大异常，是应收账款的实质性分析程序中最重要的程序之一。通过计算一系列财务比率、指标分析其与标准数据的差异，有助于发现异常情况，进而实施追踪程序予以确认。有经验的审计人员常常可以结合销售业务情况，计算应收账款的部分比率或指标估计应收账款的合理性，并考虑下一步的审计策略，从而使审计工作起到事半而功倍的效果。

四、应收账款账户余额和披露的细节测试

计划审计证据是计划检查风险的补充。在作出给定目标的计划审计证据是高、中还是低的结论后，审计人员要决定适当的审计程序、样本规模、选取项目和时间安排。

应收账款余额细节测试遵循如下假定：审计人员已经完成审计工作的第一阶段（详见图 3-2）、第二阶段，并对每个与余额相关的审计目标确定了余额细节测试的计划检查风险水平。

尽管审计人员强调资产负债表账户的余额细节测试，但也不能忽略利润表账户的余额细节测试，两者可以相互验证。例如，如果审计人员函证应收账款余额并发现在给顾客开票中的错误而高估了应收账款，那么这一错误也会高估销售收入。

应收账款的函证是最重要的应收账款余额细节测试，后面将对其进行详细的讨论。

（一）取得或编制应收账款明细表

复核加计正确，并与总账数和明细账合计数核对相符，结合坏账准备科目余额与报表数核对相符。应当注意，应收账款报表数反映企业因销售商品、提供劳务等应向购买单位收取的各种款项，减去已计提的相应的坏账准备后的净额。因此，其报表数应同应收账款总账数和明细账合计数分别减去与应收账款相应的坏账准备总账数和明细账合计数后的余额核对相符。

检查应收账款账龄分析是否正确。审计人员可以通过编制或索取应收账款账龄分析表来分析应收账款的账龄，以便了解应收账款的可收回性。应收账款账龄分析表的一般格式见表 3-5。

表 3-5　应收账款账龄分析表

年　月　日　　　　　　　　　　　　　　　　　　　　　　　　　　　　单位：万元

顾客名称	期末余额	账　龄			
		1 年以内	1～2 年	2～3 年	3 年以上
合计					

应收账款的账龄，是指资产负债表中的应收账款从销售实现、产生应收账款之日起，至资产负债表日止所经历的时间。编制应收账款账龄分析表时，可以考虑选择重要的顾客及其余额单独列示，而将不重要的或余额较小的汇总列示。应收账款账龄分析表的合计数减去已计提的相应坏账准备后的净额，应该等于资产负债表中的应收账款项目余额。

检查非记账本位币应收账款的折算汇率及折算是否正确。对于用非记账本位币（通常为外币）结算的应收账款，审计人员应检查被审计单位外币应收账款的增减变动是否采用交易发生日的即期汇率将外币金额折算为记账本位币金额，或者采用按照系统合理的方法确定的，与交易发生日即期汇率近似的汇率折算，选择采用汇率的方法前后各期是否一致；期末外币应收账款余额是否采用期末即期汇率折合为记账本位币金额；折算差额的会计处理是否正确。

结合预收账款等往来项目的明细余额，查明有无同样的项目或与销售无关的其他款项，如有，应作出记录，必要时提出调整建议。

（二）向债务人函证应收账款

1. 函证概述

函证（即外部函证）是审计人员为了获取影响财务报表或相关披露认定的项目的信息，通过直接来自第三方（被询证者）对有关信息和现存状况的声明，获取和评价审计证据的过程。书面答复可以采用纸质、电子或其他介质等形式。

在使用函证程序时，审计人员的目标是设计和实施函证程序，以获取相关、可靠的审计证据。函证应收账款的目的在于证实应收账款账户余额的真实性、正确性，防止发生被审计单位及其有关人员在销售交易中发生的错误或舞弊行为。通过函证应收账款，可以比较有效地证明被询问者（即债务人）的存在和被审计单位记录的可靠性。

审计人员应当确定是否有必要实施函证程序，以获取认定层次的相关、可靠的审计证据。在作出决策时，审计人员应当考虑评估的认定层次重大错报风险，以及通过实施其他审计程序获取的审计证据如何将检查风险降至可接受的水平。

同时，审计人员可以考虑下列因素以确定是否选择函证程序作为实质性程序。

（1）被询证者对函证事项的了解。如果被询证者对所函证的信息具有必要的了解，其提供的回复可靠性更高。

（2）预期被询证者回复询证函的能力或意愿。例如，在下列情况下，被询证者可能不会回复，也可能只是随意回复或可能试图限制对其回复的依赖程度：被询证者可能不愿承担回复询证函的责任；被询证者可能认为回复询证函成本太高或消耗太多时间；被询证者可能对因回复询证函而可能承担的法律责任有所担心；被询证者可能以不同币种核算交易；回复询证函不是被询证者日常经营的重要部分。

（3）预期被询证者的客观性。如果被询证者是被审计单位的关联方，则其回复的可靠性会降低。

审计准则要求注册会计师应当对应收账款实施函证程序，除非有充分证据表明应收账款对财务报表不重要或函证很可能无效。如果认为函证很可能无效，审计人员应当实施替代审计程序，以获取相关、可靠的审计证据。如果不对应收账款实施函证，审计人员应当在审计工作底稿中说明理由。

实务中，表明应收账款函证很可能无效的情况包括以往审计业务经验表明回函率很低；某些特定行业的客户通常不对应收账款询证函回函，如电信行业的个人客户；被询证者系出于制度的规定不能回函的单位。

审计人员应当考虑被审计单位的经营环境、内部控制的有效性、应收账款账户的性质、被询证者处理询证函的习惯做法及回函的可能性等，以确定应收账款函证的范围、对象、方式和时间。

2. 函证方式

函证方式分为积极的函证方式和消极的函证方式。审计人员可采用积极的或消极的函证方式实施函证，也可将两种方式结合使用。

（1）积极的函证方式。积极式函证，是指要求被询证者直接向审计人员回复，表明是否同意询证函所列示的信息，或填列所要求的信息的一种询证方式。

如果采用积极的函证方式，审计人员应当要求被询证者在所有情况下必须回函，确认询证函所列示信息是否正确，或填列询证函要求的信息。

积极的函证方式又分为两种。一种是在询证函中列明拟函证的账户余额或其他信息，要求被询证者确认所函证的款项是否正确。通常认为，对这种询证函的回复能够提供可靠的审计证据。但是，其缺点是被询证者可能对所列示信息根本不加以验证就予以回函确认。为了避免这种风险，审计人员可以采用另一种询证函，即在询证函中不列明账户余额或其他信息，而要求被询证者填写有关信息或提供进一步信息。由于这种询证函要求被询证者作出更多的努力，可能会导致回函率降低，进而导致审计人员执行更多的替代审计程序。

积极的函证方式的适用范围如下：相关内部控制是无效的；预计差错率较高；个别账户欠款金额较大；有理由相信欠款有可能会存在争议、差错等问题。

在采用时，只有审计人员收到回函，才能为财务报表认定提供证据。审计人员没有收到回函，可能是由于被询证者根本不存在，或是由于被询证者没有收到询证函，也可能是由于询证者没有理会询证函，因此，无法证明所询证信息是否正确。

以下是积极式询证函的参考格式。

询证函

编号：

××（公司）：

本公司聘请的××会计师事务所正在对本公司××年度财务报表进行审计，按照《中国注册会计师审计准则》的要求，应当询证本公司与贵公司的往来账项等事项。下列数据出自本公司账簿记录，如与贵公司记录相符，请在本函下端"信息证明无误"处签章证明；如有不符，请在"信息不符"处列明不符金额。回函请直接寄至××会计师事务所。

回函地址：

邮编：　　　　电话：　　　　　传真：　　　　　联系人：

1. 贵公司与本公司的往来账项列示如下：

截止日期	贵公司欠我公司款项	我公司欠贵公司款项	备注

2. 其他事项。

本函仅为复核账目之用，并非催款结算。若款项在上述日期之后已经付清，仍请及时函复为盼。

（公司签章）

年　　月　　日

结论：

1. 信息证明无误。（公司签章）

年　　月　　日

经办人：

2. 信息不符，请列明不符的详细情况：

（公司签章）

年　　月　　日

经办人：

（2）消极的函证方式。消极式函证，是指要求被询证者只有在不同意询证函所列示的信息时才直接向审计人员回复的一种询证方式。

如果采用消极的函证方式，审计人员只要求被询证者仅在不同意询证函列示信息的情况下才予以回函。

在采用消极的函证方式时，如果收到回函，能够为财务报表认定提供说服力强的审计证据。未收到回函可能是因为被询证者已收到询证函且核对无误，也可能是因为被询证者根本就没收到询证函。因此，积极的函证方式通常比消极的函证方式提供的审计证据更可靠。因而在采用消极的方式函证时，审计人员通常还需辅之以其他审计程序。

消极式函证比积极式函证提供的审计证据的说服力低。除非同时满足下列条件，审计人员不得将消极式函证作为唯一实质性程序，以应对评估的认定层次重大错报风险：审计人员将重大错报风险评估为低水平，并已就与认定相关的控制的运行的有效性获取充分、适当的审计证据；需要实施消极式函证程序的总体由大量的小额、同质的账户余额、交易或事项构成；预期不符事项的发生率很低；没有迹象表明接收询证函的人员或机构不认真对待函证。

在审计实务中，审计人员也可将这两种方式结合使用。当应收账款的余额是由少量的大额应收账款和大量的小额应收账款构成时，审计人员可以对所有的或抽取的大额应收账款样本采取积极的函证方式，而对抽取的小额应收账款样本采用消极的函证方式。

以下是消极式询证函的参考格式。

询证函

编号：

××（公司）：

本公司聘请的××会计师事务所正在对本公司××年度财务报表进行审计，按照《中国注册会计师审计准则》的要求，应当询证本公司与贵公司的往来账项等事项。下列数据出自本公司账薄记录，如与贵公司记录相符，请在本函下端"信息证明无误"处签章证明；如有不符，请在"信息不符"列明不符金额。回函请直接寄至××会计师事务所。

回函地址：

邮编： 电话： 传真： 联系人：

1. 贵公司与本公司的往来账项列示如下：

截止日期	贵公司欠我公司款项	我公司欠贵公司款项	备注

2. 其他事项。

本函仅为复核账目之用，并非催款结算。若款项在上述日期之后已经付清，仍请及时函复为盼。

（公司签章）

年 月 日

上面的信息不正确，差异如下：

（公司签章）

年　月　日

经办人：

3. 函证时间的选择

为了充分发挥函证的作用，应恰当选择函证的实施时间。审计人员通常以资产负债表日为截止日，在资产负债表日后适当时间内实施。如果重大错报风险评估为低水平，审计人员可选择资产负债表日前适当日期为截止日实施函证，并对所函证项目自该截止日起至资产负债表日止发生的变动实施实质性程序。

4. 函证范围和对象的确定

除非有充分证据表明应收账款对被审计单位财务报表而言是不重要的，或者函证很可能是无效的，否则，审计人员应当对应收账款进行函证。如果审计人员不对应收账款进行函证，应当在工作底稿中说明理由。如果认为函证很可能是无效的，审计人员应当实施替代审计程序，以获取充分、适当的审计证据。函证数量的多少、范围是由诸多因素决定的，这些因素主要包括以下几项。

（1）应收账款在全部资产中的重要性。若应收账款在全部资产中所占的比重较大，则函证范围应相应扩大一些。

（2）被审计单位内部控制的强弱。若内部控制制度较健全，则可以相应减少函证量；反之，则应相应扩大函证范围。

（3）以前期间的函证结果。若以前期间函证中发现过重大差异，或欠款纠纷较多，则函证范围应相应扩大一些。

（4）函证方式的选择。若采用积极的函证方式，则可以相应减少函证量；若采用消极的函证方式，则应相应增加函证量。

一般情况下，审计人员应选择以下项目作为函证对象：大额或账龄较长的项目；与债务人发生纠纷或可能存在争议的项目；关联方项目；主要客户（包括关系密切的客户）项目；交易频繁但期末余额较小，甚至余额为零的项目；可能产生重大错报或舞弊的非正常交易的项目。

5. 函证控制

审计人员通常利用被审计单位提供的应收账款明细账户名称及客户地址等资料据以编制询证函，但审计人员应当对被询证者选择、询证函设计，以及询证函发出和收回保持控制。出于掩盖舞弊的目的，被审计单位可能想方设法拦截或更改询证函及回函的内容。如果审计人员对函证程序控制不严密，就可能给被审计单位造成可乘之机，导致函证结果发生偏差和函证程序失效。

为使函证程序能有效实施，在询证函发出前，注册会计师需要恰当地设计询证函，并对询证函上的各项资料进行充分核对，注意事项可能包括以下内容。

其一，询证函中填列的需要被询证者确认的信息是否与被审计单位账簿中的有关记录保持一致。对于银行存款的函证，需要银行确认的信息是否与银行对账单等保持一致。

其二，考虑选择的被询证者是否适当，包括被询证者对被函证信息是否知情，是否具有客观性，是否拥有回函的授权等。

其三，是否已在询证函中正确填列被询证者直接向注册会计师回函的地址。

其四，是否已将被询证者的名称、地址与被审计单位有关记录进行核对，以确保询证函中的名称、地址等内容的准确性。

其五，询证函经被审计单位盖章后，由审计人员直接发出。根据注册会计师对舞弊风险的判断，以及被询证者的地址和性质、以往回函情况、回函截止日期等因素，询证函的发出和收回可以采用邮寄、跟函、电子形式函证（包括传真、电子邮件、直接访问网站等）等方式。

在通过邮寄方式发出询证函时，为避免询证函被拦截、篡改等舞弊风险，在邮寄询证函时，注册会计师可以在核实由被审计单位提供的被询证者的联系方式后，不使用被审计单位本身的邮寄设施，而是独立寄发询证函（例如直接在邮局投递）。

在通过跟函的方式发出询证函时如果注册会计师认为跟函的方式（即注册会计师独自或在被审计单位员工的陪伴下亲自将询证函送至被询证者，在被询证者核对并确认回函后，亲自将回函带回的方式）能够获取可靠信息，可以采取该方式发送并收回询证函。如果被询证者同意注册会计师独自前往被询证者执行函证程序，注册会计师可以独自前往。如果注册会计师跟函时需有被审计单位员工陪伴，注册会计师需要在整个过程中保持对询证函的控制，同时对被审计单位和被询证者之间串通舞弊的风险保持警觉。

在我国目前的实务操作中，由于被审计单位之间的商业惯例还比较认可印章原件，所以邮寄和跟函方式更为常见。如果注册会计师根据具体情况选择通过电子方式发送询证函，在发函前可以基于对特定询证方式所存在风险的评估，考虑相应的控制措施。

在审计实务中，审计人员还经常会遇到采用积极的函证方式实施函证而未能收到回函的情况。对此，审计人员应当考虑与被询证者联系，要求对方作出回应，或再次寄发询证函，甚至第三次寄送询证函。即使审计人员尽心尽职，一些顾客仍不会回函。如果未能得到被询证者的回应，审计人员应当实施替代审计程序，例如检查与销售有关的文件，包括销售合同或协议、销售订单、销售发票副本及发运凭证等，以验证这些应收账款的真实性。替代审计程序的目的在于通过其他非函证方式确定非函证账户在函证日是否存在并已经得到恰当表达。对于未回函证的积极式函证而言，可审查下列记录，以验证构成期末应收账款余额的个别销售交易的存在性和准确性。

（1）期后货币资金收入。函证日期后的货币资金收入证据，包括审查汇款通知单、货币资金收入记录的分录，甚至是应收账款明细账中的贷方。尽管付款的事实并不表明顾客在函证日确实存在这一义务，但期后货币资金收入的证据的审查是一项非常有用的替代程序，它合理地假设被审计单位应收账款是存在的，否则债务人不可能向其付款；另外还应注意把每一笔未付款的销售交易与其期后付款的证据进行比较，以测试未付款发票中的争议和分歧。

（2）销售发票副本。审查销售发票副本主要验证销售发票的实际签发和开票的实际日期，有助于与函证日期上的差异进行核对。

（3）发货单。审计人员审查发货单对于确定货物是否确实已经发出，以及进行截止测试非常重要。

（4）顾客的往来函件。通常审计人员不需要将复核往来函件作为替代程序的一部分，但是往来函件可用于揭示其他方法未能发现的有争议和有疑问的应收账款。

所实施的替代程序的范围和性质主要取决于未回函的重要性，函证回函中发现的错报类型，未回函的期后货币资金收入，以及审计人员对内部控制的结论。

如果实施函证和替代程序都不能提供财务报表有关认定的充分、适当的审计证据，审计人员应当实施追加的审计程序。审计人员可通过函证结果汇总表的方式对询证函的收回情况加以控制。函证结果汇总表见表 3-6。

表 3-6　应收账款函证结果汇总表

被审计单位名称：　　　　　　　　　制表：　　　　　　　　　日期：

结账日：　　年　月　日　　　　　　复核：　　　　　　　　　日期：

询证函编号	债务人名称	债务人地址及联系方式	账面金额	函证方式	函证日期		回函日期	替代程序	确认余额	差异金额及说明	备注
					第一次	第二次					
合计											

当收回的询证函有差异，即函证出现了不符事项时，审计人员应当首先提请被审计单位查明原因，并作进一步分析和核实。在很多情况下，不符事项的原因都是由顾客记录与被审计单位记录之间的时间差异引起的。但是，有必要区分时间性差异与偏差，偏差是应收账款余额的错报。应收账款函证结果汇总最常见的差异类型包括以下几种。

一种是款项已付，即询证函发出时，债务人已经付款，而被审计单位尚未收到货款，因而未能在函证日期之前记账。此种情况需要仔细进行调查，如通过应收账款贷方减少对应科目发现"债务人已经付款"的去向，以确定是否存在货币资金收入截止错误、挪用、盗窃现金的可能性。

一种是货物未收到，即询证函发出时，被审计单位的货物已经发出并已作销售记录，但货物仍在途中，债务人尚未收到货物，未记录采购。审计人员应对这些差异进行调查，以确定顾客根本没有收到货物或被审计单位记录存在截止错误的可能性。

另一种是收到货物但存有争议事项，即债务人对收到的货物的数量、质量及价格等方面有异议而全部或部分拒付货款等。审计人员应对这些差异进行调查，以确定被审计单位是否存在错误，以及错误金额是多少。

还有一种是货物已退。被审计单位未记录贷项通知单，可能是由时间性差异或销售退回、折扣与折让记录不当引起的。与其他差异一样，审计人员也必须调查清楚。

如果不符事项构成错报，审计人员应当重新考虑所实施审计程序的性质、时间和范围。

6. 函证结果分析

审计人员应当评价实施函证程序的结果是否提供了相关、可靠的审计证据，或是否有必要进一步获取审计证据。

审计人员应将函证的过程和情况记录在工作底稿中，并据以评价函证的可靠性。在评价函证的可靠性时，审计人员应当考虑：对函证的设计、发出及收回的控制情况；被询证者的胜任能力、独立性、授权回函情况、对函证项目的了解及其客观性；被审计单位施加的限制或回函中的限制。

收到回函后，根据不同情况，注册会计师可以分别实施以下程序，以验证回函的可靠性。在验证回函的可靠性时，注册会计师需要保持职业怀疑。

（1）通过邮寄方式收到的回函。通过邮寄方式发出询证函并收到回函后，注册会计师可以验证以下信息：被询证者确认的询证函是否是原件，是否与注册会计师发出的询证函是同一份；回函是否由被询证者直接寄给注册会计师；寄给注册会计师的回邮信封或快递信封中记录的发件方名称、地址是否与询证函中记载的被询证者名称、地址一致；回邮信封上寄出方的邮戳显示发出城市或地区是否与被询证者的地址一致；被询证者加盖在询证函上的印章及签名中显示的被询证者名称是否与询证函中记载的被询证者名称一致。在认为必要的情况下，注册会计师还可以进一步与被审计单位持有的其他文件进行核对或亲自前往被询证者进行核实等。如果被询证者将回函寄至被审计单位，被审计单位将其转交注册会计师，该回函不能视为可靠的审计证据。在这种情况下，注册会计师可以要求被询证者直接书面回复。

（2）通过跟函方式收到的回函。对于通过跟函方式获取的回函，注册会计师可以实施以下审计程序：了解被询证者处理函证的通常流程和处理人员；确认处理询证函人员的身份和处理询证函的权限，如索要名片、观察员工卡或姓名牌等；观察处理询证函的人员是否按照处理函证的正常流程认真处理询证函，例如该人员是否在其计算机系统或相关记录中核对相关信息。

（3）以电子形式收到的回函。对以电子形式收到的回函，由于回函者的身份及其授权情况很难确定，对回函的更改也难以发觉，因此可靠性存在风险。注册会计师和回函者采用一定的程序为电子形式的回函创造安全环境，可以降低该风险。如果注册会计师确信这种程序安全并得到适当控制，则会提高相关回函的可靠性。电子函证程序涉及多种确认发件人身份的技术，如加密技术、电子数码签名技术、网页真实性认证程序。当注册会计师存有疑虑时，可以与被询证者联系以核实回函的来源及内容，例如，当被询证者通过电子邮件回函时，注册会计师可以通过电话联系被询证者，确定被询证者是否发送了回函。必要时，注册会计师可以要求被询证者提供回函原件。

（4）对询证函的口头回复。只对询证函进行口头回复不是对注册会计师的直接书面回复，不符合函证的要求，因此，不能作为可靠的审计证据。在收到对询证函口头回复的情况下，注册会计师可以要求被询证者提供直接书面回复。如果仍未收到书面回函，注册会计师需要通过实施替代程序，寻找其他审计证据以支持口头回复中的信息。

审计人员对函证结果可进行如下评价。

首先，审计人员应当重新考虑对内部控制的原有评价是否适当，控制测试的结果是否适当，分析程序的结果是否适当，相关的风险评价是否适当等。

其次，如果函证结果表明没有审计差异，则审计人员可以合理地推论，全部应收账款总体是正确的。

最后，如果函证结果表明存在审计差异，审计人员则应当估算应收账款总额中可能出现的累计差错是多少，估算未被选中进行函证的应收账款的累计差错是多少。为取得对应收账款累计差错更加准确的估计，也可以进一步扩大函证范围。

需要指出的是，即便应收账款得到了债务人的确认，也并不意味着债务人一定会付款。另外，函证也不可能发现应收账款中存在的所有问题。尽管如此，应收账款的函证仍不失为一种必要的、有效的审计方法。审计人员通过对应收账款进行函证，结合实施其他实质性程序，可以对有关债权收回的可能性作出合理的结论，并向被审计单位的管理层提出有关债权情况所面临的风险和应当采取的措施。

同时需要指出的是，审计人员应当将询证函回函作为审计证据，纳入审计工作底稿管理，询证函回函的所有权归属于所在会计师事务所。除法院、检察院及其他有关部门依法查阅审计工作底稿外，会计师事务所不得将询证函回函提供给被审计单位作为法律诉讼证据。

7. 管理层不允许寄发询证函时的处理

如果管理层不允许寄发询证函，审计人员应当采取以下措施。

首先，询问管理层不允许寄发询证函的原因，并就其原因的正当性及合理性收集审计证据。

其次，评价管理层不允许寄发询证函对评估的相关重大错报风险（包括舞弊风险）以及其他审计程序的性质、时间安排和范围的影响。

最后，实施替代程序，以获取相关、可靠的审计证据。如果认为管理层不允许寄发询证函的原因不合理，或实施替代程序无法获取相关、可靠的审计证据，审计人员应当按照《中国注册会计师审计准则第 1151 号——与治理层的沟通》的规定，与治理层进行沟通。审计人员还应当按照《中国注册会计师审计准则第 1502 号——在审计报告中发表非无保留意见》的规定，确定其对审计工作和审计意见的影响。

8. 需要关注的与函证程序有关的舞弊风险迹象

在函证过程中，注册会计师需要始终保持职业怀疑，对舞弊风险迹象保持警觉。与函证程序有关的舞弊风险迹象的例子包括以下几种。

其一，管理层不允许寄发询证函；管理层试图拦截、篡改询证函或回函，如坚持以特定的方式发送询证函。其二，被询证者将回函寄至被审计单位，被审计单位将其转交注册会计师；注册会计师跟进访问被询证者，发现回函信息与被询证者记录不一致，例如，对银行的跟进访问表明提供给注册会计师的银行函证结果与银行的账面记录不一致。其三，从私人电子信箱发送的回函；收到同一日期发回的、相同笔迹的多份回函；位于不同地址的多家被询证者的回函邮戳显示的发函地址相同；收到不同被询证者用快递寄回的回函，但快递的交寄人或发件人是同一个人或是被审计单位的员工；回函邮戳显示的发函地址与被审计单位记录的被询证者的地址不一致。其四，不正常的回函率，例如银行函证未回函；与以前年度相比，回函率异常偏高或回函率重大变动；向被审计单位债权人发送的询证函回函率很低。其五，被询证者缺乏独立性，例如被审计单位及其管理层能够对被询证者施加重大影响以使其向注册会计师提供虚假或误导信息（如被审计单位是被询证者唯一或重要的客户或供应商）；被询证者既是被审计单位资产的保管人，又是资产的管理者。

（三）审查已存在的应收账款是否均已入账

除了依靠应收账款相关账户的自身平衡外，要测试账龄分析表（试算表）中遗漏的账户余额是很困难的。例如，如果被审计单位在编制账龄试算表时无意漏记了一笔应收账款，则发现此问题的唯一途径是加总应收账款试算表，并将合计数与总账中的控制账户进行调节。

如果销售日记账中未记录一个顾客的所有销售，那么通过余额细节测试也几乎不可能揭示应收账款的低估。例如，审计人员很少向余额为零的顾客发出函证，部分原因是通常顾客不可能对其余额低估的要求予以回复。另外，如果新顾客没有在应收账款明细账中有记录，用函证程序也很难完成对该顾客销售未记录的确认。

但是，通过对已经发货但未记录的销售执行交易的实质性测试（测试销售交易的完整性目标）和分析性程序，可以最大限度地揭示销售收入与应收账款的低估。

（四）审查应收账款的入账金额是否准确

从应收账款账龄分析表中选取几笔账户进行函证，是验证应收账款记账金额准确性最常用的余额细节测试。当顾客没有按要求回复函证时，审计人员可以通过审查原始凭证来解决，其方法与验证存在认定时的方法相同。至于对个别顾客账户借方或贷方余额的测试，则可以通过审查发货和货币资金收入的支持性记录来进行。

（五）确定被审计单位对应收账款拥有的权利

通常，被审计单位对应收账款拥有的权利不需执行特别审计程序，因为应收账款通常属于被审计单位，通过复核会议记录，与被审计单位进行讨论，向银行进行函证，审查往来函证等程序足以揭示被审计单位对应收账款拥有所有权的情况。需要注意的是，在某些情况下，一部分应收账款可能被抵押担保或转让给其他单位，通常被审计单位的顾客并不知晓发生了上述情况（应收账款函证无法揭示这种情况）。

审计人员需要检查应收账款是否业已用于贴现，判定应收账款贴现业务属于质押还是出售，其会计处理是否正确。

企业以其按照销售商品、提供劳务的销售合同所产生的应收债权向银行等金融机构贴现，在进行会计核算时，应按照"实质重于形式"的原则，充分考虑交易的经济实质。对于有明确的证据表明有关交易事项满足销售确认条件，如与应收债权有关的风险、报酬实质上已经发生转移等，应按照出售应收债权处理，并确认相关损益；否则，应作为应收债权为质押取得的借款进行会计处理。

（六）确定应收账款的可收回价值及坏账准备计提的恰当性

公认会计原则要求应收账款应以最终可实现的金额表述，应收账款的可收回价值是应收账款扣除坏账准备的净额。对不可收回应收账款总额的估计是用坏账准备来表示的。尽管被审计单位不可能准确地预测可能发生的坏账，但审计人员还是有必要考虑所有可能发生的情况，以评价被审计单位的坏账准备是否合理。为有助于进行这种评价，审计人员可以编制一张分析坏账准备的审计明细表，通过估计坏账准备的百分率概算应计提的坏账准备。被审计单位如果未能对坏账准备或经济因素进行调整，就有可能存在坏账准备潜在低估的情况。关于坏账准备计提的恰当性可以结合下面坏账准备的实质性测试进行。

（七）确定应收账款在资产负债表上是否已正确表达及恰当披露

应收账款明细账的余额一般在借方。在分析应收账款明细账余额时，审计人员如果发现应收账款出现贷方明细余额的情形，应查明原因，必要时建议作重分类调整。

审计人员可以抽查有无不属于结算业务的债权。不属于结算业务的债权，不应在应收账款中进行核算。因此，审计人员应抽查应收账款明细账，并追查有关原始凭证，查证被审计单位有无不属于结算业务的债权。如有，应作记录或建议被审计单位作适当调整，进行重新分类。

如果存在需要在报表中单独披露的重要金额，审查被审计单位是否已在报表中单独列示。例如，应收关联公司的款项，如果其金额比较重大，则必须与应收顾客的款项分开列示。如果被审计单位是上市公司，则其财务报表附注通常应披露期初、期末余额的账龄分析，例如期末欠款金额较大的单位账款以及持有 5% 以上（含 5%）股份的股东单位欠款等情况。

第五节　其他项目的实质性测试

一、坏账准备的实质性测试

坏账是指企业无法收回或收回的可能性极小的应收款项，包括应收账款、应收票据、预付款项、其他应收款和长期应收款等。由于发生坏账而导致的损失称为坏账损失。企业通常应采用备抵法按期估计坏账损失，形成坏账准备。由于坏账准备与应收账款的联系非常紧密，我们把对坏账准备的审计安排在应收账款审计之后进行阐述。

（一）坏账准备的审计目标

坏账准备的审计目标一般包括：确定计提坏账准备的方法和比例是否恰当，坏账准备的计提是否充分；确定坏账准备增减变动的记录是否完整；确定坏账准备期末余额是否正确；确定坏账准备的披露是否恰当。

（二）坏账准备的实质性程序

企业会计准则规定，企业应当在期末对应收账款进行检查，并预计可能产生的坏账损失。应收款项包括应收票据、应收账款、预付款项、其他应收款和长期应收款等。下面，我们以应收账款相关的坏账准备为例，阐述坏账准备审计常用的实质性程序。

首先，取得或编制坏账准备明细表，复核加计正确，与坏账准备总账数、明细账合计数核对相符；如不相符，应查明原因，作审计记录并提出必要的审计调整建议。

其次，将应收账款坏账准备本期计提数和资产减值损失相应明细项目的发生额核对相符。

最后，检查应收账款坏账准备计提和核销的批准程序，评价坏账准备所依据的资料、假设及计提方法。

　　企业通常应采用备抵法核算坏账损失，计提坏账损失的具体方法由企业自行确定。企业应当列出目录，具体注明计提坏账的范围、提取方法、账龄的划分和提取比例，按照管理权限，经股东大会或董事会，或者经理（厂长）会议或类似机构批准，并依照法律、行政法规的规定报有关各方备案，同时，备置于公司所在地，以供投资者查阅。坏账准备提取方法一经确定，不得随意变更。如需变更，仍然应按照上述程序批准后报有关各方备案，并在财务报表附注中说明变更的内容和理由、变更的影响数等。

　　用备抵法核算坏账，首先要按期估计坏账损失，估计坏账损失的方法主要有账龄分析法、余额百分比法等。采用账龄分析法计提坏账准备时收到债务单位当期偿还的部分债务后，剩余的应收账款不应改变其账龄，仍应按照原账龄加上本期应增加的账龄确定；在存在多笔应收账款且各笔应收账款的账龄不同的情况下，收到债务单位当期偿还的部分债务，应当逐笔认定收到的是哪一笔应收账款；如果确实无法认定的，按照先发生先收回的原则确定，剩余应收账款的账龄按上述原则确定。

　　在采用账龄分析法、余额百分比法等方法的同时，能否采用个别认定法，应当视具体情况而定。如果某项应收账款的可收回性与其他各项应收账款存在明显的差别（例如债务单位所处的特定地区等），导致该项应收账款如果按照与其他应收账款同样的方法计提坏账准备，将无法真实地反映其可收回金额的，可对该项应收账款采用个别认定法计提坏账准备，企业应当根据所持应收账款的实际可收回情况合理计提坏账准备，不得多提或少提，否则应视为滥用会计估计，按照重大会计差错更正的方法进行会计处理。

　　在确定坏账准备的计提比例时，企业应当根据以往的经验、债务单位的实际财务状况和现金流量的情况，以及其他相关信息合理地估计。除有确凿证据表明该项应收账款不能收回或收回的可能性不大时（如债务单位撤销、破产、资不抵债、现金流量严重不足、发生严重的自然灾害等导致停产而短时间内无法偿付债务等，以及应收款项逾期3年以上），下列各种情况一般不能全额计提坏账准备：当年发生的应收账款，以及未到期的应收账款；计划对应收账款进行重组；与关联方之间发生的应收账款；其他已逾期但无确凿证据证明不能收回的应收账款。

这一规定并不意味着企业对与关联方之间发生的应收账款可以不计提坏账准备。企业与关联方之间发生的应收账款与其他应收账款一样，也应当在期末时分析其收回的可能性，并预计可能发生的坏账损失。对预计可能发生的坏账损失计提相应的坏账准备。企业与关联方之间发生的应收账款一般不能全额计提坏账准备，但如果有确凿证据表明关联方（债务单位）已撤销、破产、资不抵债、现金流量严重不足等，并不准备对应收账款进行重组或无其他收回方式的，则对预计无法收回的应收关联方的款项也可全额计提坏账准备。

第四，实际发生坏账损失的，检查转销依据是否符合有关规定，会计处理是否正确。对于被审计单位在被审计期间内发生的坏账损失，审计人员应检查其原因是否清楚，是否符合有关规定，有无授权批准，有无作坏账处理后又重新收回的应收账款，相应的会计处理是否正确。对有确凿证据表明确实无法收回的应收账款，如债务单位已撤销、破产、资不抵债、现金流量严重不足等，企业应根据管理权限，经股东（大）会或董事会，或者经理（厂长）会议或类似机构批准作为坏账损失，冲销提取的坏账准备。

第五，检查长期挂账应收账款。审计人员应检查应收账款明细账及相关原始凭证，查找有无资产负债表日后仍未收回的长期挂账应收账款，如有，应提请被审计单位作适当处理。

第六，检查函证结果。对债务人回函中反映的例外事项及存在争议的余额，审计人员应查明原因并作记录；必要时，应建议被审计单位作相应的调整。

第七，实施分析程序。通过计算坏账准备余额占应收账款余额的比例并和以前期间的相关比例比较，评价应收账款坏账准备计提的合理性。

最后，确定应收账款坏账准备的披露是否恰当。企业应当在财务报表附注中清晰地说明坏账的确认标准、坏账准备的计提方法和计提比例，并且上市公司还应在财务报表附注中披露以下事项。

其一，本期全额计提坏账准备，或计提坏账准备的比例较大的（计提比例一般为40%及以上的，下同），应说明计提的比例及理由。

其二，以前期间已全额或部分计提坏账准备，或计提比例较大但在本期又全额或部分收回的，或通过重组或其他方式收回的，应说明其原因、原估计计提比例的理由，以及原估计计提比例的合理性。

其三，对某些金额较大的应收账款不计提坏账准备或计提坏账准备比例较低（计提比例一般为 5% 或低于 5%）的理由。

其四，本期实际冲销的应收款项及其理由。其中，实际冲销的关联交易产生的应收账款应单独披露。

二、应收票据的实质性测试

应收票据是企业在经营活动中因销售商品、提供劳务等收到的商业汇票。由于应收票据是在企业赊销业务中产生的，因此，对应收票据的审计也必须结合企业赊销业务一起进行。

（一）应收票据的审计目标

应收票据的审计目标一般包括：确定应收票据是否存在；确定应收票据是否归被审计单位所有；确定应收票据及其坏账准备增减变动的记录及会计处理是否正确；确定应收票据是否可收回；确定应收票据的坏账准备的计提方法和比例是否恰当，计提是否充分；确定应收票据及其坏账准备的年末余额是否正确；确定应收票据及其坏账准备的披露是否恰当。

（二）应收票据的实质性程序

1. 获取或编制应收票据明细表

应收票据明细表通常包括出票人姓名、出票日期、到期日、金额和利率等资料。复核加计是否正确，并核对其期末余额合计数与报表数、总账数和明细账合计数是否相符。在复核加计正确及与上述有关数额核对相符的基础上，抽查部分票据，并追查相关文件资料，以检查其内容是否正确，有无应转应收账款的逾期应收票据等。

2. 检查库存票据

审计人员应对应收票据进行盘点，并逐项与应收票据登记簿结存的应收票据余额核对，编制"应收票据盘点表"。盘点时应注意票据的种类、号码、签收日期、到期日、票面金额、票面利率、合同交易号、付款人、承兑人、背书人姓名或单位名称、贴现日期、贴现率、收款日期、收回金额等内容填写是否齐全，签章有无疑问，以辨别真伪，并留意有无未入账的应收票据，有无已作抵押的和银行退回的票据。

3. 函证应收票据

函证应收票据的目的在于证实其存在性和可收回性。必要时，抽取部分票据向出票人函证，并编制函证结果汇总表。

4. 审查大额应收票据验证其交易是否真实存在

对于大额票据，应取得相应销售合同或协议。销售发票和出库单等原始交易资料并进行核对，以证实是否存在真实交易。

5. 复核带息票据的利息计算是否正确

主要审查应收票据的利息收入是否正确、合理。审计人员可独立计算利息，并与账面所列金额对比。如果两者不符，则应加以分析。特别要对"财务费用——利息收入"账户中那些与应收票据账户所列任何票据均不相关的贷方金额加以注意，因为这些贷项可能代表据以收取利息的应收票据未入账。

6. 复核已贴现应收票据的利息计算及会计处理是否正确

对于已贴现的应收票据，核对收款凭证等资料，并与对应科目"银行存款"的有关记录一致。审查其贴现额与贴现利息的计算是否正确，通过审查相关凭证，确定贴现的会计处理方法是否恰当。复核、统计已贴现，以及已转让但未到期的应收票据的金额。

7. 检查与应收票据相关的坏账准备。

检查应收票据准备计提和核销的批准程序，取得证明文件，实际发生坏账损失的，检查转销依据是否符合有关规定，会计处理是否正确；已经确认并转销的坏账重新收回的，检查其会计处理是否正确；通过检查期后收款，评价应收票据坏账准备计提的合理性。

8. 检查应收票据的列报是否恰当

审计人员应检查被审计单位资产负债表中应收票据项目的数额是否与审定数相符，是否删除了已贴现票据，会计报表附注中应披露的内容是否充分。如果被审计单位是一般企业，其已贴现的商业承兑汇票应在报表下端补充资料内的"已贴现的商业承兑汇票"项目中加以反映；如果被审计单位是上市公司，其会计报表附注通常应披露贴现或用作抵押的应收票据的情况和原因说明，以及持有其5%以上（含5%）股份的股东单位欠款情况。

三、预收款项的实质性测试

预收款项是指销货企业在销售货物或提供劳务之前，按照合同规定向购货单位预先收取的部分货款。由于预收款项是随着销售业务的发生而发生的，审计人员应结合企业的销售业务对预收款项进行审计。

（一）预收款项的审计目标

预收款项的审计目标一般包括：确定期末预收款项是否存在；确定期末预收款项是否为被审计单位应履行的偿还义务；确定预收款项的发生及偿还记录是否完整；确定预收款项的期末余额是否正确；确定预收款项的列报是否恰当。

（二）预收款项的实质性程序

第一，获取或编制预收款项明细表。复核加计预收款项明细表正确，并核对其期末余额合计数与报表数、总账数和明细账合计数是否相符。

第二，检查预收账款的金额是否正确。

请被审计单位协助，在预收款项明细表上标出至审计日止已转销的预收款项，对已转销金额较大的预收款项进行检查，核对记账凭证、仓库发运凭证、销售发票等，并注意这些凭证发生日期的合理性。

抽查与预收款项有关的销售合同、仓库发运凭证、收款凭证，检查已实现销售的商品是否及时转销预收款项，确保预收款项期末余额的正确性和合理性。

检查预收款项是否存在借方余额，决定是否建议作重分类调整。

对税法规定应予纳税的预收销售款，结合应交税费项目，检查是否及时、足额计缴有关税金。

第三，函证预收款项。选择预收款项的若干重大项目函证，通常应选择大额或账龄较长的项目、关联方项目、主要客户作为函证对象。回函金额不符的，应查明原因并作出记录或适当调整；未回函的应再次函证或通过检查决算日后已转销的预收款项是否与仓库发货单、销售发票相一致等替代程序，以确定其是否真实、正确。根据回函情况编制函证结果汇总表。

第四，检查长期挂账的预收款项。检查预收款项长期挂账的原因，并作出记录，防止利用预收款项弄虚作假，必要时提请被审计单位予以调整。

第五，检查以非记账本位币结算的预收货款所采用的折算率和汇兑损益的处理是否正确。

第六，检查预收款项的列报是否恰当。如果被审计单位是上市公司，其会计报表附注通常应披露持有其 5％以上（含 5％）股份的股东单位的账款情况，并说明账龄超过 1 年的预收款项未结转的原因。

第四章　采购与付款循环审计

第一节　采购与付款业务循环审计概述

一、采购与付款循环的内容

企业的生产经营要耗费一定的资源，如耗用原料、燃料，购置机器设备等生产资料，投入人工等，要使企业的生产经营活动能够有效运行，首先应从企业外部购入所需的各种生产资源，这一过程包括采购业务和付款业务两个部分。具体内容包括下述几项。

（一）请购材料、商品或劳务

请购材料、商品或劳务必须是生产部门或销货部门根据生产或销售需要，提出采购计划，仓库负责人员对现有存货核对并调整计划后填写请购单，然后报经授权的专门机构或人员审核同意，并经主管人员批准。这一环节的关键控制程序：一是请购的材料、商品或劳务必须是实际生产或销售需要的；二是必须经过授权批准。

（二）编制订购单

采购部门收到请购单后，根据所需购买的存货项目及有关供应商档案资料，选择适当的供应商，然后签订合同或单（要列明订购物品的品种、数量、价格、技术性能要求与支付条件，以及违约责任的追究办法等），正式合同或订单应报经主管人员签字批准，最后将合同或订单交供应商。这一环节的关键控制程序是订购单预先连续编号，并送至有关部门，由其对订购单进行独立检查。

（三）验收与储存商品

订购单发出一段时间后，供应商发出企业所购物品。运抵物品经由验收部门核点数量、检验质量后送入仓库存储。仓库根据购入物品的验收资料更新存货明细账资料，对不符合规格和质量要求的物品，则办理退货。这一环节的关键控制程序是验收与采购、保管、运输职责分离。该环节所涉及的相关的认定是采购交易及相关资产和负债的存在和完整性。

（四）编制付款凭单，确认与记录负债

应付账款部门收到供应商寄来的发票后，先与请购单、订购单和验收单等凭证核对一致，再登录应付账款明细账或应付凭单登记簿。同时，应定期汇总购货交易的各项资料，记入存货和应付账款等总账账户。这一环节的关键控制程序是付款凭单预先编号并经过适当批准，每张凭单应与订购单、验收单和供应商发票相配合。该环节所涉及的相关的认定是采购交易及相关负债的存在或发生、估价或分摊、完整性。

（五）支付货款

应付账款部门确定到期应付项目并且经授权批准后支付货款，出纳员签发支票。这一环节的关键控制程序是支票预先编号，并且经授权批准后支付货款。该环节所涉及的相关的认定是与采购相关的负债偿还交易的存在或发生、估价或分摊、完整性。

（六）记录库存资金、银行存款支出

会计部门根据已签发的支票存根（或汇总表）编制付款记账凭证，并据以登记银行存款日记账及其他相关账簿；期末登记总账的职员应更新与库存现金支付相关的总账记录。这一环节的关键控制程序是独立编制银行存款余额调节表。该环节所涉及的相关的认定是与采购相关的付款业务的存在或发生、估价或分摊、完整性。

显然，"采购业务"是指前四项活动，"付款业务"是指后两项活动。

二、采购与付款循环涉及的凭证与记录

在内部控制比较健全的企业，处理采购与付款业务需要使用很多凭证和记录。一般而言，采购与付款循环所涉及的凭证与会计记录主要有以下几种。

（一）请购单

请购单是由资产的使用部门或仓库管理部门填写的，用于申请购买商品、劳务或其他资产的书面凭证。

（二）订购单

订购单是由采购部门填写的，用来记录企业要向供应商购买指定的商品、劳务或其他资产的名称、数量及有关资料的书面凭证。

（三）验收单

验收单是企业收到商品、资产时所编制的，用来记录收到的商品、资产的名称、种类、数量及其他资料的凭证。

（四）卖方发票

卖方发票是供应商开具的，交给买方以载明发运的赁物或提供的劳务、应付款金额、付款条件及开单日期等事项的凭证。

（五）付款凭单

付款凭单是采购方企业的应付凭单部门编制的，载明已收到商品、资产或接受劳务的厂商、应付款金额和付款日期的凭证，是企业内部记录和支付负债的授权证明文件。

（六）付款凭证和转账凭证

付款凭证包括现金付款凭证和银行存款付款凭证，是用来记录现金和银行存款支出业务的记账凭证。转账凭证是记录转账业务的记账凭证。

（七）应付账款明细账和库存现金、银行存款日记账

企业通常应按供货单位设置应付账款明细账，用来记录企业向各供货单位的赊购余额、存款支付及应付账款余额等内容。货款的支付应及时登记库存现金日记账和银行存款日记账。

（八）卖方对账单

卖方对账单是由供货方按月编制的，标明期初余额、本期购买、本期支付给卖方的款项和期末余额的凭证。卖方对账单是供货方对有关业务的陈述，如果不考虑买卖双方在收发货物上可能存在的时间差等因素，其期末余额通常与采购方相应的应付账款的期末余额一致。

第二节　采购与付款循环的内部控制及其测试

一、采购与付款循环的内部控制

（一）职责分工控制

在采购与付款循环中，不相容职务应当分离。应当分离的职务主要有：

物资的采购人员、保管人员、使用人员与记录人员相分离；采购人员应与审批付款人员相分离；审批付款人员应与执行付款人员相分离；记录应付账款的人员应与出纳人员相分离。

（二）请购控制

一个企业可以针对不同情况下商品或劳务的请购，制定不同的请购制度，确定不同的请购方法。但无论在什么情况下请购商品或劳务，其关键控制均应包括以下内容。

首先，请购商品或劳务应填写请购单，请购单的内容必须完整。请购单主要包括商品或劳务的名称、数量、种类、用途等内容。

其次，请购单应由仓库管理部门或其他部门根据授权填写。一般来说，企业正常生产经营所需的物资由经一般授权的人员提出请购，并填写请购单；固定资产、无形资产等资本性支出应由经特殊授权的特定人员提出请购，并填写请购单。

最后，请购单必须经有关主管人员审批，审批后的请购单送交采购部门。

（三）订购控制

无论什么情况下的请购，采购部门在收到请购单后，都应首先明确订购的数量、订购的时间和供货单位等问题，然后及时编制订购单。订购单的关键控制包括以下几项。

第一，订购单内容必须止确、完整。订购单的内容主要包括商品或劳务的名称、数量、种类、价格、供货商名称和地址、付款条件等。

第二，订购单应预先连续编号，以确保日后能被完整地保存，使会计人员能对所有订货单进行处理。

第三，在订购单发出前，必须由专人检查订购单是否得到授权人的签字，以及是否有经请购部门主管批准的请购单作为支持凭证，以确保订购单的有效性。

第四，由专人复查订购单的编制过程和内容，包括复查从请购单中摘录的资料、有关供货商的主要文件资料、价格和数量及金额的计算等。

第五，订购单一式多份，正联送变供应商，副联分别送交企业内部的验收部门、请购部门、财务部门、仓库及计划采购部门自身留存。

（四）验收控制

货物的验收应由独立于请购、采购和财务部门的部门及人员来承担，验收部门及人员的主要责任是检验收到货物的数量和质量。

验收人员应通过计数、过磅或测量等方法来证明收到的货物与货运单或订购单上所列的数量是否一致。

验收人员应检验有无因运输造成的损坏，并在可能的范围内对货物的质量进行检验。在货物质量检验需要具备专业知识或者必须经过食品检验、实验才能进行的情况下，验收部门应该将部分样品送交专家或实验室对其质量进行检验。

验收人员验收完毕之后，必须填制包括供应商名称、收货日期、货运人名称、原订购单编号，以及货物名称、数量、质量等内容的验收单或验收报告，并经验收人员签字。验收单或验收报告应当预先连续编号，并要求一式多联，分别报送采购部门和会计部门等。

（五）记录应付账款控制

及时、正确地记录应付账款是内部控制的基本要求。记录应付账款控制的主要内容包括以下几项。

首先，应付账款的记录必须由独立于请购、采购、验收、付款的人员来进行。

其次，应付账款的入账必须以审核无误的供货商的发票、付款凭单等凭证为依据。

最后，企业必须分别设置应付账款的总账和明细账来记录应付账款，并在月末进行总账和明细余额核对，以检查记账过程中的差错。

（六）支付贷款控制

企业货款结算有许多方式，不同的结算方式，其相应的内部控制不同，下面以支票结算方式为例，介绍有关的内部控制。支票结算方式关键的控制有：独立检查已签发支票的总额与所处理的该批付款凭单的总额是否一致；支票应当由被授权的财务部门的人员负责签署；被授权签发支票的人员应确定每张支票都附有张已经审批的未付款凭单，同时还应确定支票收款人姓名和金额与凭单内容的一致性；支票一经签署就应在其凭单和支持性凭证上用加盖印戳或打洞等方式将其注销，以免重复付款；不应签发无记名或空白的支票；支票应预先连续编号，保证支出支票存根的完整性和作废支票处理的恰当性；应确保只有被授权人员才能接近未使用的空白支票。

（七）对账控制

每月月末，应由独立于应付账款明细账记录的人员将来自供应商的对账单与应付账款明细账核对。企业还应定期取得银行对账单并与银行存款余额进行核对。

二、采购与付款内部控制的测试

注册会计师主要实施下述程序对采购与付款循环进行控制测试。

（一）检查采购与付款业务的业务凭证

注册会计师从采购部门的业务档案中抽取订货单样本，索取其采购与付款业务的各种凭证与记录，沿着采购业务的正常程序加以追踪，进行如下检查：检查每一笔采购业务是否均有请购单、订购单、购货发票和验收单，核对请购单、订购单、购货发票和验收单是否一致；检查请购单、订购单、验收单的编制和购货发票的核对及付款是否进行了适当的职责分工；检查每一笔采购业务的请购单、订购单及付款是否经过适当的授权审批；核对请购单与订购单是否一致，请购单和订购单是否连续编号；核对采购合同上确定的价格、付款日期与财务部门核准的支付条件是否一致；检查合同是否经过有关部门审查，核对购货发票上所购物品的数量、规格、品种与合同是否一致。

（二）检查采购与付款业务的财务处理

从请购单、订购单、购货发票和验收单等原始凭证追查至应付账款明细账与总账、存货明细账与总账、库存现金日记账、银行存款记账等，以确定被审计单位编制的记账凭证是否正确，过账是否及时和正确。

（三）实地观察或询问物资的保管情况

注册会计师通过询问仓库管理人员其职责情况，实地观察存货的保管情况，以确定存货是否存放在安全的地点由专门人员保管，并限制未经过批准的人员接触。

（四）检查账簿的核对

注册会计师主要检查被审计单位是否定期核对采购与付款业务相关的明

细账和总账，是否定期与供应商核对有关记录。

注册会计师完成对采购与付款相关内部控制的测试之后，应对采购与付款循环内部控制的有效运行进行评价，并重新估计重大错报风险水平，以修订实质性程序计划。

第三节　固定资产和累计折旧的审计

一、固定资产的审计

（一）固定资产的审计目标

固定资产的审计目标一般包括：确定固定资产是否存在，确定固定资产是否归被审计单位所有或控制；确定固定资产的计价方法是否恰当；确定固定资产的折旧政策是否恰当；确定折旧费用的分摊是否合理、一贯；确定固定资产减值准备的计划是否充分、完整，方法是否恰当；确定固定资产、累计折旧和固定资产减值准备的记录是否完整；确定固定资产、累计折旧和固定资产减值准备的期末余额是否正确；确定固定资产、累计折旧和固定资产减值准备的披露是否恰当。

（二）实施实质性程序

1. 索取或编制固定资产及累计折旧分类汇总表

固定资产及累计折旧分类汇总表是分析固定资产账户余额变动的依据之一，是固定资产审计的重要工作底稿。审计人员应将明细表上的数额复核汇总，并核对与报表金额、总账金额和明细账合计金额是否相符。如果不相符，查明不符的原因，固定资产及累计折旧分类汇总表的格式如表 4-1 所示。

表 4-1　固定资产及累计折旧分类汇总表

被审计单位名称：　　　　　　编制人：　　　　　日期：　　　　索引号：
截止日：　　　　　　　　　　复核人：　　　　　日期：　　　　页次：

固定资产类别	固定资产				累计折旧					
	期初余额	本期增加	本期减少	期末余额	折旧方法	折旧率	期初余额	本期增加	本期减少	期末余额
合计										

2. 实质性分析程序

审计人员对固定资产进行实质性分析程序，其目的主要在于确定固定资产账户可能出现的问题。根据被审计单位业务的性质，可选择以下方法对固定资产实施实质性分析程序：计算固定资产原值与本期产品产量的比率，并与以前期间比较，可能发现闲置固定资产或已减少固定资产未在账户上注销的问题；计算本期计提折旧额与固定资产总成本的比率，将此比率同上期比较，旨在发现本期折旧额计算上的错误；计算累计折旧与固定资产总成本的比率，将此比率同上期比较，旨在发现累计折旧核算上的错误；比较本期各月之间、本期与以前各期之间的修理及维护费用，旨在发现资本性支出和收益性支出区分上可能存在的错误；比较本期与以前各期的固定资产增加和减少。

3. 审查固定资产的增加

对固定资产增加的审查主要应审查固定资产增加的合规性、计价的正确性及会计处理的适当性。具体来说，审查固定资产增加的合规性包括：审查固定资产购建计划是否合理、合法；审查固定资产购建合同是否严格执行；审查固定资产购建支出是否符合规定；审查固定资产利用程度是否符合规定的要求。审查固定资产增加计价的正确性就是审查固定资产是否按原始成本入账（在无法确定其原始成本时应按重置完全价值入账）。对于会计处理，审计人员应严格按照会计准则和制度对固定资产入账的要求进行审计。

4. 验证固定资产所有权

在审查各类固定资产增加额时，应同时检查其所有权。审计人员应当获取有关所有权的证明文件，确定固定资产的所有权是否属于被审计单位。固定资产的类型及来源不同，证明其所有权的文件也就有所不同。比如，对外购的机器设备等固定资产，通常经审核采购发票、购货合同等予以确定；对于房地产类固定资产，尚需查阅有关的合同产权证明、财产税单、抵押借款的还款凭据、保险单等书面文件。

5. 审查固定资产的减少

审查固定资产的减少的主要目的是查明固定资产减少的合理性、合法性及已减少的固定资产是否已做适当的会计处理。固定资产的减少主要包括出售、报废、毁损、向其他单位投资转出、盘亏等方式。由于固定资产减少的原因不同，审计人员应分辨不同情况，对各种固定资产的减少确定审计重点。

6. 实地观察购入的固定资产

审计人员实地观察固定资产的目的在于确定所记录的固定资产是否存在未入账的固定资产。实施实地观察审计程序时，审计人员可以固定资产明细账或固定资产卡片为起点，从中抽查一定的样本，进行实地观察，以确定会计记录中所列固定资产是否确实存在，并了解其目前的使用状况，还可发现高估资产的问题；也可以实地为起点，选取一定的实物追查至固定资产明细账，以获取实际存在的固定资产均已入账的证据和发现低估资产的问题。审计人员实地观察固定资产的重点是本年新增加的重要固定资产，必要时也可以扩大到以前期间增加的固定资产。观察范围需要依据被审计单位内部控制的强弱、固定资产的重要性和审计人员的经验来判断。如为初次审计，则应适当扩大观察范围。

7. 审查被审计单位估计的固定资产使用期限和预计净残值的合理性

固定资产使用期限和预计净残值直接影响各期应计提的折旧额。审计人员应获取有关固定资产使用期限和预计净残值的相关文件和资料，审查其是否根据固定资产的性质和使用情况确定，是否存在随意调整的现象。

8. 审查固定资产的租赁

审计人员应当获取租入、租出固定资产的相关证明文件，审查租赁是否签订了合同、租约，租入的固定资产是否确属企业必需，并检查其会计处理是否正确。重点审查经营租赁和融资租赁是否正确划分。

9. 调查未使用和不需用的固定资产

审计人员应调查被审计单位有无已完工或已购建但尚未交付使用的新增固定资产、因改扩建等原因暂停使用的固定资产，以及多余或不适用的需要进行处理的固定资产，如有应作彻底调查，以确定其是否真实。同时，还应调查未使用、不需用固定资产的购建、启用及停用时点，并作出记录。

10. 审查固定资产的抵押、担保情况

审计人员应结合对银行借款等的检查，了解固定资产是否存在抵押、担保情况。如存在，应取证、记录，并提请被审计单位作必要的披露。

11. 审查固定资产的购置情况

审计人员应当检查固定资产的购置是否符合资本性支出标准，有无资本性支出与收益性支出未区分的情况，如有，应取证、记录，并提请被审计单位作必要的调整。

12. 确认固定资产是否已在资产负债表上恰当披露

在资产负债表上需要分别列示固定资产原值、累计折旧、固定资产净值、固定资产减值准备、固定资产净额项目。而会计报表附注通常应说明固定资产的标准、分类、计价方法和折旧方法，以及各类固定资产的预计使用年限、预计净残值和折旧率，分类别披露固定资产在本期的增减变动情况，并应披露用做抵押、担保和本期从在建工程转入数、本期出售固定资产数、本期置换固定资产数等情况。审计人员应根据前述各项审计内容，结合对累计折旧的审查，确定资产负债表上有关固定资产各项数据的正确性及其是否已在会计报表附注中进行恰当披露。

【例 4-1】 注册会计师对新成立的某股份有限公司进行年度会计报表审批，发现其固定资产账簿有如下会计分录：

借：固定资产——乙仓库 2 400 000

贷：应付票据——抵押票据 1 400 000

长期股权投资——股票投资——B 公司 1 000 000

经审核相关凭证，发现该公司已转让其所持有 B 公司的股份 1 000 000元给 C 公司（转让价为账面价），并以承担 C 公司为建筑乙仓库的抵押借款1 400 000 元为条件，获得乙仓库（乙仓库由某一建筑单位承建）。

解析：该项固定资产金额的准确性及所有权归属性均难以确定。

审计结论：针对以上审计线索，审计人员应实施以下主要的审计程序：

（1）取得乙仓库建筑工程记录，核对相关成本费用；

（2）获取建筑行业平均利润率等资料，评价乙仓库建筑单位所获取利润的真实性；

（3）审核抵押贷款合同及附件；

（4）获取乙仓库重置完全价值的有关数据；

（5）验证乙仓库建筑成本与建筑单位所获取利润之和是否高于重置完全价值；

（6）审查仓库转让合同的约定事项是否已全部履行完毕。

二、累计折旧的审计

累计折旧审计的基本要点包括下述几点。

（一）索取或编制固定资产及累计折旧分类汇总表

审计人员应编制或索取同定资产及累计折旧分类汇总表，概括地了解被审计单位固定资产折旧的计提情况，在此基础上，对表内有关数字进行复核汇总，并核对与报表金额、总账金额和明细账合计数金额是否相符。

（二）审查固定资产折旧政策的执行情况

审计人员应检查折旧政策和方法是否符合国家的规定，所选用的方法能否在固定资产的使用年限内合理分摊其成本，前后各期是否一致，预计使用寿命和预计净残值是否合理，有无扩大或缩小固定资产折旧范围，随意变更折旧方法等问题。特别应注意有无已提足折旧的固定资产继续超提折旧和在用固定资产不提或少提折旧的情况。

（三）实质性分析程序

审计人员应对折旧计提的总体合理性进行复核，其方法是首先对本期增加和减少的同定资产，使用年限长短不一和折旧方法不同的固定资产作适当调整。然后用应计提折旧的固定资产乘以本期的折旧率，如果总的计算结果和被审计单位的折旧总额相近，日固定资产及累计折旧内部控制较健全时，则可以适当减少累计折旧费用的其他实质性测试工作量。审计人员还应计算本期计提折旧额占固定资产原值的比率并与上期比较，分析本期折旧计提额的合理性和准确性；计算累计折旧占固定资产原值的比率，评估固定资产的老化率，并结合固定资产减值准备，估计因闲置、报废等原因可能发生的固定资产损失。

（四）审查固定资产折旧的计算和分配

审计人员应结合对固定资产的审计，审阅、复核固定资产折旧计算表，并对照记账凭证、固定资产卡片和固定资产分类表，通过核实月初固定资产原值、分类或个别折旧率复算折旧额的计算是否正确，折旧费用的分配是否合理，分配方法与上期是否一致。应特别注意固定资产增减变动时。有关折旧的会计处理是否符合规定，以及更新改造、接受捐赠、融资租入而增加的固定资产的折旧费用计算是否正确。

（五）审查固定资产折旧摊入成本或费用的情况

审计人员将"累计折旧"账户贷方的本期计提折旧额与相应的成本费用中的折旧费用明细账户的借方相比较，以查明所计提折旧金额是否已全部正确地摊入本期产品成本费用。一旦发现差异，应及时追查原因，并考虑是否应建议作适当调整。

（六）审查因资产评估调整累计折旧的情况

审计人员应取得有关资产评估报告检查其会计处理是否正确。

（七）检查累计折旧的披露是否恰当

会计报表附注通常应分类别披露累计折旧在本期的增减变动情况。

【例 4-2】 审计人员在审查甲公司 2015 年度固定资产折旧时，发现 2014 年 12 月份新增已投入生产使用的机床一台，原价为 1 600 000 元，预计净残值为 100 000 元，预计使用年限为 5 年，使用年数总和法对该项固定资产计提折旧，其余各类固定资产均采用直线法计提折旧，且该公司对这一事项在会计报表附注中未作揭示。

解析： 该公司的固定资产折旧方法本期出现不一致，且未充分揭示，这是违反现行会计制度的。由此计算的该事项对资产负债表和损益表影响如下：

该机床用年数总和法计算的年折旧额＝（1 600 000－100 000）×5/15＝500 000（元）

该机床用直线法计算的年折旧额＝（1 600 000－100 000)/5＝300 000（元）

所以，由于折旧方法的改变，使本年度多提折旧 200 000 元（500 000－300 000），致使资产负债表中的"累计折旧"项目增加 200 000 元，损益表中的"利润总额"项目减少 200 000 元。

审计结论：对此，审计人员应要求被审计单位在会计报表附注中作如下披露："本公司由于对原值为 1 600 000 元，预计净残值为 100 000 元，预计使用年限为 5 年的机床采用年数总和法进行折旧，与采用直线法相比，使本年度的折旧额增加 200 000 元，利润总额减少 200 000 元，特此予以披露。"

第四节　应付账款及预付账款的审计

一、应付账款的审计

(一) 应付账款的审计目标

应付账款的审计目标一般包括：确定资产负债表中记录的应付账款是否存在；确定所有应当记录的应付账款是否均已记录；确定资产负债表中记录的应付账款是被审计单位应当履行的现实义务；确定应付账款期末余额是否正确，应付账款是否以恰当的金额包括在财务报表中，与之相关的计价调整是否已恰当记录；确定应付账款已按照企业会计准则的规定在财务报表中作出恰当的列报。

(二) 应付账款的实质性程序

1. 获取或编制应付账款明细表

向被审计单位索取或自行编制应付账款明细表，以确定被审计单位资产负债表上应付账款的数额与其明细表是否相符。将明细表上的数额复核汇总，并与报表金额、总账金额和明细账合计金额相核对，如不符，应查明原因，并作出相应的调整。审计人员还可抽查明细表中的一些项目，同应付账款明细账和应付账款总账相核对，看其内容是否一致。

2. 实质性分析程序

审计人员执行分析性程序的主要目的在于发现可能存在的问题及评价应付账款总体的合理性。常用的方法如下。

其一，将应付账款本期期末余额与上期期末余额进行比较，分析其波动原因。

其二，分析长期挂账的应付账款，要求被审计单位作出解释，判断被审计单位是否缺乏偿债能力或利用应付账款隐瞒利润。

其三，计算各种比率，并同以前各期相比较，以发现需要关注的地方。常用比率的计算公式如下：

$$应付账款占进货比率 = 应付账款/进货金额$$

$$应付账款占流动负债比率 = 应付账款/流动负债$$

$$应付账款周转率＝赊购净额/应付账款$$

其四，利用存货、主营业务收入和主营业务成本的增减变动幅度，判断应付账款增减变动的合理性。

3. 函证应付账款

在一般情况下，审计人员不需要对应付账款进行函证，其主要原因是函证并不能确保可查出未入账的应付账款，而查找未入账的应付账款（即防止低估）又是应付账款审计的重要目的。同时，债权人会主动来函询证，而且审计人员能够取得购货发票、运输单等外部凭证来证实应付账款的余额。但是，如果被审计单位内部控制风险较高，某些应付账款户金额较大或被审计单位处于经济困难阶段，则应进行应付账款的函证。

选择函证账户时，审计人员应注意以下事项。

首先，在所选取的函证项目中，除了金额较大的账户，还应包括那些在资产负债表日金额不大，甚至为零，但为企业重要供货商的账户，因为这些账户较之金额较大的账户，更有可能被低估。

其次，对于上一年度供应过货物而本年度没有供货的，以及没有按月寄送对账单的供货商，应进行函证。

最后，存在关联方交易的账户，应进行函证。函证最好采用积极式，在函证中不宜指明应付账款的余额，而应由债权人填写。这样更能保证函证的有效性，以便于同应付账款进行比较和调节。同应收账款的函证一样，审计人员必须对函证的过程进行控制，并要求直接回函。根据回函情况，编制与分析函证结果汇总表，对未回函的，决定是否再次进行函证。如果存在未回函的重大项目，审计人员应采用替代审计程序，确定其是否真实。通常可以检查决算日后应付账款明细账及现金和银行存款日记账，核实其是否已支付，同时检查该笔债务的相关凭证资料，核实交易事项的真实性。

4. 查找未入账的应付账款

查找未入账的应付账款是应付账款审计程序的重要补充程序，其目的是防止被审计单位低估应付账款。审计人员在审查被审计单位有无故意漏记应付账款时，应从以下几个方面考虑。

检查被审计单位在报告日尚未处理的不符合要求的购货发票（如抬头不符，与合同某项规定不符等），以及有材料入库凭证但未收到购货发票的经济业务，并询问会计人员未入账的原因；检查购货发票与验收单不符或未列明金额的发票单据，审计人员应审查报告日的全部待处理凭单，确定是否有漏记的应付账款；审阅报告日之前签发的验收单，追查至应付账款明细账，检查是否有货物已收而负债未入账的应付账款；检查企业资产负债表日后收到的购货发票，确定这些发票记录的负债是否应记入资产负债表；检查资产负债表日后应付账款明细账贷方发生额的相应凭证，确认其入账时间是否正确；抽样未结算的货物和劳务采购，检查有无未入账的应付账款。

询问被审计单位的会计和采购人员，查阅资本预算、工作通知单和基建合同，以发现未入账的应付账款。

如果审计人员通过上述程序发现某些未入账的应付账款，应将有关情况详细记入工作底稿，然后视其重要性程度决定是否需建议被审计单位进行相应的调整。

5. 审查应付账款是否存在借方余额

应付账款科目所属明细科目的借方余额应在资产负债表的"预付账款"项目进行反映。因此，审计人员应检查被审计单位是否存在应付账款借方余额，并决定是否进行重分类。一般情况下，应付账款明细账如果由于重复付款、付款后退款、预付货款导致某些明细账户出现较大的借方余额时，应将其重分类并相应地列入其他应收款、预付账款等资产类账户。

6. 审查长期挂账的应付账款

审计人员应检查被审计单位有无长期挂账的应付账款，如有，应查明原因，作出记录，必要时建议被审计单位予以调整。

7. 确认应付账款在资产负债表上的披露是否恰当

一般来说，资产负债表中的"应付账款"项目应根据"应付账款"和"预付账款"科目所属明细科目的期末贷方余额的合计数填列。审计人员应将被审计单位资产负债表对应付账款的反映同会计准则相比较，以发现有无不当之处。

【例4-3】 审计人员于2016年1月23日审查甲企业应付账款时，发现2015年12月份应付账款中有一笔会计分录如下：

借：制造费用——修理费 100 000

贷：应付账款——乙工程公司 100 000

经过多方审查，证实乙工程公司并不存在。

解析： 甲企业当年经济效益较好，为了给今后留有余地，年终以车间修理为名，虚列提供劳务单位，虚列劳务费用 10 万元，作为应付款项处理，从而使当年 12 月的产品成本增加了 10 万元。

审计结论： 问题查清后，应根据具体情况调账。假设 12 月份生产的产品全部完工入库，并已销售了 60%，则结转的已销产品成本中，自然也就包括了制造费用中虚列的 60% 费用。进而虚减了利润 6 万元，相应也少缴了所得税 1.5 万元。因此，在查处后，会计分录应作如下调整：

借：应付账款	100 000
贷：库存商品	40 000
以前年度损益调整	60 000
借：以前年度损益调整	15 000
贷：应交税费——应交所得税	15 000
借：以前年度损益调整	45 000
贷：利润分配——未分配利润	45 000

（提取盈余公积等略）

二、预付账款的审计

预付账款审计的基本要点如下。

（一）获取或编制预付账款明细表

向被审计单位索取或自行编制预付款明细表，以确定被审计单位资产负债表上预付账款的数额与其明细表是否相符，将明细表上的数额复核汇总，并核对与报表金额、总账金额和明细账合计金额是否相符。同时请被审计单位协助，在预付账款明细表上标出截至审计日已收到货物并冲销预付账款的项目。

（二）函证预付账款

审计人员应选择大额或异常的预付账款重要项目（包括零账户），函证其余额是否正确，并根据回函情况编制函证结果汇总表；对回函金额不相符的，要查明原因，作出记录或建议，并作适当的调整；对未回函的，可再次复函，也可采用替代方法进行检查，如检查该笔债权的相关凭证资料，或抽查报表日后预付账款明细账及存货明细账，核实是否已收到货物并转销，并根据替代程序检查结果判断其债权的真实性或出现坏账的可能性。对来发询证函的预付账款，应抽查有关原始凭证。

（三）审查同时挂账的预付账款

抽查入库记录，查核有无重复付款或将同一笔已付清的预付账款和应付账款这两个账户同时挂账的情况。

（四）审查预付账款是否存在贷方余额

分析预付账款明细账余额，对于出现贷方余额的项目，应查明原因，必要时建议作重分类调整。

（五）确认预付款是否已在资产负债表上恰当披露

一般来说，资产负债表中的"预付账款"项目应根据"应付账款"和"预付账款"科目所属明细科目的期末借方余额的合计数填列。审计人员应将被审计单位资产负债表对预付账款的反映同会计准则相比较，以发现有无不当之处。

第五章 生产、存货与工薪循环审计

第一节 生产、存货与工薪循环中的经营活动及相关的凭证记录

生产是指企业运用材料、机械设备、人力资源等，结合作业方法，使用相关检测手段，在适宜的环境下，提供出具有品质、成本、交期特性的产品的活动。生产活动通常是由将原材料转化为产成品的有关活动组成，包括制订生产计划，控制、保持存货水平及与制造过程有关的交易和事项，涉及领料、生产加工、销售产成品等主要环节。生产活动常常伴随着存货的不同形态变化，也伴随着人工费用的发生，因此在审计实务中可以把生产与存货、工薪等活动作为一个循环来开展工作。因生产、存货业务与工薪业务，以及人力资源与工薪业务的相对独立性和完整性，在本章有关内容叙述中，我们将分别介绍生产、存货与工薪循环，以及人力资源与工薪循环。

一、生产、存货与工薪循环的主要经营活动

（一）生产与存货循环部分的主要经营活动

企业的生产经营活动和涉及的凭证记录是财务审计的重要对象和内容，了解和熟悉该部分内容对于审计工作的展开具有重要意义。制造业企业的生产与存货循环所涉及的主要经营活动包括计划和安排生产，发出原材料，生产产品，核算产品成本、储存产成品，发出产成品等。上述业务活动通常涉及生产计划部门、仓库、生产部门、人事部门、销售部门、会计部门等。

1. 计划和安排生产

生产计划部门的职责是根据顾客订单或者对销售预测和产品需求的分析来决定生产授权。如决定授权生产，即签发预先编号的生产通知单。该部门通常应将发出的所有生产通知单编号并加以记录控制。此外，还需要编制一份材料需求报告，列示所需要的材料和零件及其库存。生产计划应在企业年度经营计划的基础上，提前进行科学编制，同时还要结合企业产能数据、历史产销数据、市场信息等作适当放量。生产计划的编制下达应归口统一管理。生产计划应由有关部门进行评审，并由相应管理层签发下达车间执行。生产计划的执行与过程控制应做到：生产准备充分又不浪费，生产过程前有技术指导，后有质量检验，工序交接有据可查，控制生产中的外包业务风险，通过现场调度及生产例会实现生产均衡有序进行。

2. 发出原材料

仓库部门的责任是根据生产部门的领料单发出原材料。领料单上必须列示所需的材料数量和种类，以及领料部门的名称。领料单可以一料一单，也可以多料一单，通常需要一式三联。仓库发料后，将其中一联连同材料交给领料部门，其余两联经仓库登记材料明细账后，送会计部门进行材料收发核算和成本核算。

3. 生产产品

生产部门在收到生产通知单及领取原材料后，便将生产任务分解到每一个生产工人，并将所领取的原材料交给生产工人，据此执行生产任务。生产工人在完成生产任务后，将完成的产品交生产部门查点，然后转交检验员验收并办理入库手续；或是将所完成的产品移交下一个部门，作进一步加工。

4. 核算产品成本

为了正确核算并有效控制产品成本，会计部门必须建立健全成本会计制度，将生产控制和成本核算有机结合在一起。一方面，生产过程中的各种记录（如生产通知单、领料单、计工单、入库单等文件资料）都要汇集到会计部门，由会计部门对其进行检查和核对，了解和控制生产过程中存货的实物流转；另一方面，会计部门要设置相应的会计账户，会同有关部门对生产过程中的成本进行核算和控制。成本会计制度可以非常简单，比如只在期末记录存货余额；也可以非常完善，完善的标准成本会计制度应该提供生产周期所消耗的原材料、人工成本和间接费用的分配与归集的详细资料。

5. 储存产成品

产成品入库，须由仓库部门先行点验和检查，然后签收。签收后，将实际入库数量通知会计部门。据此，仓库部门明确本身应承担的责任，并对验收部门的工作进行验证。除此之外，仓库部门还应根据产成品品质特征分类存放，并填制标签。

6. 发出产成品

产成品的发出须由独立的发运部门进行。装运产成品时必须持有经有关部门核准的发运通知单，并据此编制出库单。出库单至少一式四联：一联送交仓库部门，一联发运部门留存，一联送交顾客，一联作为给顾客开发票的依据。

（二）人力资源与工薪循环部分的主要经营活动

人力资源与工薪循环包括员工雇用和离职、工作时间记录、工薪计算与记录、工薪费用的分配、工薪支付，以及代扣代缴税金等。在制造业企业中，员工工薪影响两个重要的交易类型，即工薪的发放和直接工薪费用与间接工薪费用的分配。与其他循环相比，人力资源与工薪循环的特点更加明显：一是接受员工提供的劳务与向员工支付报酬都在短期内发生；二是交易比相关的资产负债表账户余额更为重要；三是与工薪相关的内部控制通常是有效的。

人力资源与工薪循环是不同企业之间最可能具有共同性的领域，涉及的主要经营活动（与审计相关）通常包括批准招聘，记录工作时间或产量，计算工薪总额和扣除，工薪支付等。

1. 批准招聘

批准雇用的文件应当由负责人力资源与工薪相关事宜的人员编制，最好由在正式雇用过程中负责制定批准雇用、支付率和工薪扣除等政策的人力资源部门履行该职责。人力资源部门同时还负责编制支付率变动及员工合同期满的通知。

2. 记录工作时间或产量

员工工作的证据以工时卡或考勤卡的形式产生，通过监督审核和批准程序予以控制。如果支付工薪的依据是产量而不是时间，数量也同样应经过审核，并且与产量记录或销售数据进行核对。

3. 计算工薪总额和扣除

在计算工薪总额和扣除时，需要将每名员工的交易数据，即本工薪期间的工作时间或产量记录与基准数据进行匹配。在确定相关控制活动已经执行后，应当由一名适当的人员批准工薪的支付。同时，由一名适当人员审核工薪总额和扣除的合理性，并批准该金额。

4. 工薪支付

企业通常利用电子货币转账系统将工薪支付给员工，有时也会使用现金支出方式。批准工薪支票，通常是工薪计算中不可分割的一部分，包括比较支票总额和工薪总额。使用支票支付工薪的职能划分，应该与使用现金支出的职责划分相同。

二、生产、存货与工薪循环涉及的主要凭证与会计记录

(一) 生产与存货循环部分的主要凭证与会计记录

生产与存货循环涉及的主要凭证与会计记录有以下几种。

1. 生产指令

生产指令，又称生产任务通知单，是企业下达制造产品等生产任务的书面文件，用以通知供应部门组织材料发放，生产车间组织产品制造，会计部门组织成本计算。广义的生产指令也包括用于指导产品加工的工艺规程。

2. 领发料凭证

领发料凭证是企业为控制材料发出所采用的各种凭证，如材料发出汇总表、领料单、限额领料单、领料登记簿、退料单等。

3. 产量和工时记录

产量和工时记录是登记工人或生产班组在出勤内完成产品数量、质量和生产这些产品所耗费工时数量的原始记录。产量和工时记录的内容与格式是

多种多样的，在不同的生产企业甚至在同一企业的不同生产车间，常由于生产类型不同而采用不同格式的产量和工时记录。常见的产量和工时记录主要有工作通知单、工序进程单、工作班产量报告、产量通知单、产量明细表、废品通知单等。

4. 工薪汇总表及工薪费用分配表

工薪汇总表是为了反映企业全部工薪的结算情况，并据以进行工薪结算、总分类核算和汇总整个企业工薪费用而编制的，它是企业进行工薪费用分配的依据；工薪费用分配表反映了各生产车间各产品应负担的生产工人工薪和福利费。

5. 材料费用分配表

材料费用分配表是用来汇总反映各生产车间各产品所耗费的材料费用的原始记录。

6. 制造费用分配汇总表

制造费用分配汇总表是用来汇总反映各生产车间各产品应负担的制造费用的原始记录。

7. 成本计算单

成本计算单是用来归结某一成本计算对象应承担的生产费用，计算该成本计算对象的总成本和单位成本的记录。

8. 存货明细账

存货明细账是用来反映各种存货增减变动情况和期末库存数量及相关成本信息的会计记录。由于企业性质不同，存货形式也多种多样。对于从事零售和批发的企业来说，财务报表中最重要的账户通常是可用于销售的库存商品。

对于制作业企业来说，存货可能包括原材料、外购零配件、生产用物料、在产品和可供销售的产成品等。

制造业企业既有商品实物流动，又有相关的成本流动（如图 5-1 所示）。当存货在企业中流动时，应对其实物流动和成本流动加以足够的控制。生产与存货循环、采购与付款循环、人力资源与工薪循环之间的关系可以通过原材料、直接人工和制造费用 T 形账户的借方清楚地看出。

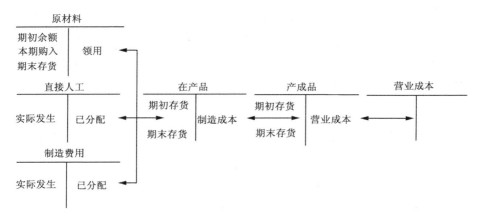

图 5-1 商品实物流动和存货成本流动示意图

(二) 人力资源与工薪循环部分的主要凭证与会计记录

人力资源与工薪循环开始于对员工的雇用,结束于向员工支付工薪。典型的人力资源与工薪循环涉及的主要凭证与会计记录有以下几种。

1. 人事和雇用记录

(1) 人事记录。包括雇用日期、工薪率、业绩评价、雇用关系终止等方面的记录。

(2) 扣款核准表。核准工薪预扣款的表格,包括预先扣除个人所得税等。

(3) 工薪率核准表。根据工薪合同、管理层的授权、董事会对管理层的授权,核准工薪率的一种表格。

2. 工时记录和工薪表

(1) 工时卡。记录员工每天上下班期间和工时数的书面凭证。对大多数员工来说,工时卡是根据时钟或打卡机自动填列的。

(2) 工时单。记录员工在既定时间内完成工作的书面凭证。通常在员工从事不同岗位的工作或没有固定部门时使用。

(3) 工薪交易文件。包括一定期间(如一个月)内,通过会计系统处理的所有工薪交易。该文件含有输入系统的所有信息和每项交易的信息,如员工的姓名、日期、支付总额和支付净额、各种预扣金额、账户类别。

(4) 应付职工薪酬明细账或清单。由工薪交易文件生成的报告,主要包括每项交易的员工的姓名、日期、工薪总额及工薪净额、预扣金额、账户类

131

别等信息。

（5）工薪主文档。记录每位员工的每一工薪交易和保留已付员工总额的文件。记录包括在每个工薪期间的工薪总额、预扣金额、工薪净额、支票号、日期等。

3．支付工薪记录

向员工支付劳务的转账资金。转账资金应等于工薪总额减去税金和其他预扣款。

4．个人所得税纳税申报表

向税务部门申报的纳税表。本循环中的典型账户以 T 形账户形式列示于图 5-2 中。有关会计信息在该循环各账户间的流向可通过 T 形账户解释。

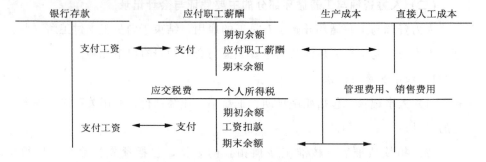

图 5-2　人力资源与工薪循环涉及的账户

三、生产、存货与工薪循环的风险特点与审计策略

（一）生产与存货循环部分的风险特点与审计策略

制造业企业中，最主要的经营活动就是生产制造。生产与存货循环占用的资金量往往较大，交易频繁，交易数量众多，且与其他循环都有着联系。生产活动中所使用的原材料来自于采购与付款循环，生产成本的归集需要考虑员工工资、材料成本及众多的直接费用、间接费用，这些费用需要采购与付款循环来支付，购置的固定资产通过折旧的形式也要将成本转移到生产成本中，生产完工后的产成品还要通过销售循环售出后取得货币资金，完成整个经营活动的周转。

生产与存货循环中流动着大量的实物资产，如原材料、低值易耗品、半成品、在产品、委托加工材料、产成品等，其收支流转频繁，工作量大，十分容易发生遗失、损坏和盗窃等。另外，生产成本的计算过程十分复杂，工作量大，也容易发生无意的计算错误，更容易隐藏有意的成本操纵行为。

基于生产与存货循环的特点，对审计人员而言，审计测试的工作量大，审计成本较高。考虑到生产与存货循环中的主要风险，审计人员应对本循环的内部控制进行详细的了解与评价，并把存货监盘和成本审计作为实质性程序的重点。

（二）人力资源与工薪循环部分的风险特点与审计策略

无论在哪个行业，工薪都具有重要性。例如，在服务业中，大多数企业属于劳动密集型企业，工薪支出在其所有支出中占有重要比重；在高科技行业中，企业支付的工薪取决于员工的技能，这些企业可能会设计出一套复杂的补偿方案，以雇用和留住最好的员工，保持良好的持续经营能力；在制造业中，企业支付的工薪取决于产品生产过程的劳动密集程度。人工成本不适当的计价和分摊会造成净收益的重大错报，工薪也可能是一个由于无效率或舞弊、盗窃而造成公司资源严重浪费的领域。

在计划审计工作时，审计人员需要了解工薪的重要性：一是人力资源政策的相对重要性及对工薪费用和工薪负债的影响；二是所支付补偿的性质和复杂程度，包括小时工薪、月薪；三是企业在处理和保持员工记录时对计算机程序的依赖程度，以及工薪工作是否被外包给服务商；四是可能使管理层和高级员工产生对财务成果进行错报动机的性质，如与利润目标挂钩的股票期权和奖金。在分析人力资源风险时，注册会计师应当考虑业绩指标。假如雇佣政策或补偿政策不能够吸引到具有较高技能的员工，或不能留住这些员工，则企业持续经营的能力将面临风险。管理层应当很好地识别出关键职位，以及该职位所必需的人员数量与资格，并要求就这些关键职位的空缺程度提供定期报告。

工薪交易和余额中主要的重大错报风险是对费用的高估，如向虚构的员工发放工薪、对未实际发生工时支付工薪或以未授权的工薪率发放工薪等（存在、发生及准确性认定），严格的监管环境、工薪活动的敏感性和保密性，未遵守法律法规可能受到的严厉惩罚，管理层针对工薪系统实施的严格控制，在大多数情况下能够有效且预先发现并纠正错误和舞弊。

同其他循环一样，人力资源与工薪循环审计也包括以下环节：了解内部控制；评估控制风险；控制测试、交易的实质性测试和分析程序；账户余额细节测试等。

另外，人力资源与工薪循环审计与其他循环审计相比还有几点明显差异：在人力资源与工薪循环中只有一类交易，即因接受员工提供的劳务而在短期内向员工支付的劳务报酬，而在其他循环中至少有两类交易，例如，在销售与收款循环中，交易包括销售、收取现金，通常还有销售退回和坏账注销；与工薪相关的账户（如应付工资和预扣税款）的金额通常小于整年交易的总额；对所有公司（即使是小公司）而言，工薪的内部控制通常是较有效的，如果员工的工薪未支付或支付不足，员工会提出异议。考虑到上述原因，审计人员在审计工薪时，应重点关注控制测试、交易的实质性测试和分析程序，而在账户余额细节测试上不需花费更多的时间。

审计人员在测试关键控制后可能将工薪交易和余额中的重大错报风险评估为低，并考虑通过实施分析程序获取所需要的大多数实质性审计证据，减少细节测试。针对剩余重大错报风险，审计人员应当采用细节测试对期末应付工薪和工薪负债的完整性、准确性、计价，以及权利和义务进行测试。

第二节　生产、存货与工薪循环的内部控制与控制测试

一、生产与存货循环部分的内部控制与控制测试

（一）生产与存货循环部分的内部控制

总体上看，生产与存货循环中与审计密切相关的内部控制主要包括存货的内部控制和成本会计制度的内部控制两项内容。

任何内部控制都应依据其控制目标和原则而建立。内部控制有多项目标，其中与审计相关的主要是保证财务报表的真实可靠，即财务报表反映的真实性、完整性、权利和义务、计价和分摊、列报和披露等认定的合理可靠性。依据的内部控制原则对于交易活动来讲主要是适当授权、职责分工、会计系统记录、资产接近控制和业绩考核等，也就是要通过这些一般的控制措

施去实现财务报表真实可靠的目标。审计是对报表项目的相关认定进行验证并发表意见的，审计的最小工作单位是项目认定，因此审计人员应了解和评价项目认定层次的内部控制，并据以得出审计意见。

1. 存货的内部控制

由于生产与存货循环同其他业务循环的内在联系，生产与存货循环中某些审计测试，特别是对存货的审计测试，与其他相关业务循环的审计测试同时进行将更为有效。例如，原材料的取得和记录是作为采购与付款循环的一部分进行测试的，而装运产成品和记录营业收入与成本则是作为销售与收款循环审计的一部分进行测试的。这些在前面相应章节中已经结合其他循环作了介绍，不再赘述。

尽管不同的企业对其存货可能采取不同的内部控制，但从根本上说，均可概括为对存货的数量和计价两个关键因素的控制，这将在本章后面的内容中分别予以阐述。基于上述原因，本节对生产与存货循环的内部控制的讨论，以及对以控制目标和认定为起点的相关控制测试的讨论，主要关注成本会计制度。

2. 成本会计制度的内部控制目标与关键控制

（1）生产业务是根据管理层一般或特定的授权进行的。记录的成本为实际发生的而非虚构的（发生认定）。关键控制主要包括对生产指令的授权批准、领料单的授权批准、工薪的授权批准这三个关键点，应履行恰当手续，经过特别审批或一般审批；成本的核算是以经过审核的生产通知单、领发料凭证、产量和工时记录、工薪费用分配表、材料费用分配表、制造费用分配表为依据的。

（2）所有耗费和物化劳动均已反映在成本中（完整性认定）。关键控制是生产通知单、领发料凭证、产量和工时记录、工薪费用分配表，材料费用分配表、制造费用分配表均事先编号并已经登记入账。

（3）成本以正确的金额在恰当的会计期间及时记录于适当的账户（准确性、计价和分摊认定）。关键控制有：采用适当的成本核算方法，并且前后各期一致；采用适当的费用分配方法，并且前后各期一致；采用适当的成本核算流程和账务处理流程；内部核查等。

另外，还有一些控制措施同时合理保证多项认定，比如，对存货实施保护措施，存货保管人员与记录、批准人员相互独立，存货保管人员与记录人员职务相分离；账面存货与实际存货定期核对相符，定期进行存货盘点等，同时实现存在、完整性、计价和分摊等多项认定。

（二）初步评估生产与存货循环的重大错报风险

1. 了解本循环内部控制

了解本循环内部控制的工作包括：了解被审计单位生产与存货循环的内部控制的设计，并记录获得的了解；针对生产与存货循环的控制目标，记录相关的控制活动，以及受该控制活动影响的交易和账户余额及其认定；执行穿行测试，证实对交易流程和相关控制的了解，并确定相关控制是否得到执行；记录在了解和评价生产与存货循环的控制设计和执行过程中识别的风险，以及拟采取的应对措施。

值得注意的是，在了解控制的设计并确定其是否得到执行时，应当使用询问、检查和观察程序，并记录所获取的信息和审计证据来源。如果拟利用以前审计获取的有关控制运行有效的审计证据，应考虑被审计单位的业务流程和相关控制自上次测试后是否发生重大变化。

2. 重大错报风险的初步评估

在了解生产与存货循环的内部控制后，可以对生产与存货循环的重大错报风险进行初步的评估。其关键是找出生产与存货管理的关键要素和关键业绩指标，为找到潜在的重大错报风险提供线索。当生产流程得到良好控制时，审计人员可以将重大错报风险评价为中或低，并且可以了解不同级别的管理层收到的例外报告的类型、实施的不同的监督活动，以及是否有证据表明所选取的控制的设计和运行是适当的，是否能够保证管理层采取及时有效的措施来识别错误并处理舞弊。

以制造业企业为例，影响生产与存货交易和余额的重大错报风险因素还可能包括以下几项。

（1）交易的数量和复杂性。制造业企业交易数量庞大，业务复杂，这就增加了错误和舞弊的风险。

（2）成本基础的复杂性。制造业企业的成本基础是复杂的。虽然原材料和直接人工等直接费用的分配比较简单，但间接费用的分配就可能较为复杂，并且同一行业中的不同企业也可能采用不同的认定和计量基础。

（3）员工变动或者会计电算化。这可能导致在各个会计期间将费用分配至产品成本的方法出现不一致。

（4）产品的多元化。这可能要求聘请专家来验证其质量、状况或价值。另外，计算存货数量的方法也可能是不同的。例如，计量煤堆、筒仓里的谷物或糖、钻石或者其他贵重的宝石、化工品和药剂产品的存储量的方法都可能不一样，这并不是要求审计人员每次清点存货都需要专家配合，只要存货容易辨认，存货数量容易清点，就无需专家帮助。

（5）某些存货项目的可变现净值难以确定。例如价格受全球经济供求关系影响的存货，由于其可变现净值难以确定，会影响存货采购价格和销售价格的确定，并将影响审计人员对与存货计价认定有关的风险进行评估。

（6）销售附有担保条款的商品。企业出售附有担保条款的商品，就会面临换货或者销售退回的风险。出口到其他国家的商品也有途中毁损的风险，这将导致投保人索赔或者由企业来补充毁损的商品。

（7）将存货存放在很多地点。大型企业可能将存货存放在很多地点，并且可能在不同的地点之间配送存货，这将增加商品途中毁损或遗失的风险，或者导致存货在两个地点被重复列示，也可能产生转移定价的错误或舞弊。

（8）寄存的存货。有时候存货虽然还存放在企业，但可能已经不归企业所有；反之，企业的存货也可能被寄存在其他企业。

审计人员应当了解被审计单位对生产与存货的管理程序。控制是否适当直接关乎其预防、发现和纠正错报的能力。预防性的控制经常在交易初期和记录过程中实施，而作为管理层的监督程序的组成部分，检查性控制通常在交易执行和记录过程之后实施，以便检查、纠正错误与舞弊。测试已选取的、涉及几项认定的监督控制，要比测试交易初期的预防性控制更为有效。

审计人员对于生产过程和存货管理控制的了解，来自于观察控制活动执行情况、询问员工，以及检查文件和资料。这些文件和资料包括以前年度审计工作底稿，原材料领料单上记录的各个生产流程的制造成本、人工成本记录和间接费用分配表，以及例外报告和及时采取的相应的纠正行动。

（三）生产与存货循环控制测试

审计人员应当通过控制测试获取支持将被审计单位的控制风险评价为中

或低的证据。如果能够获取这些证据，审计人员就可以接受较高的检查风险，并在很大程度上可以通过实施实质性分析程序获取进一步的审计证据，减少对生产与存货交易和营业成本、存货等相关项目的细节测试的依赖。

控制测试涉及性质、时间和范围的选择。测试性质的考虑主要依赖于测试对象，而测试对象的选择关键在于内部控制的目标和措施。因此，审计中的控制测试一般是以内部控制目标为起点的控制测试。

1. 存货相关的内部控制测试

存货相关的内部控制测试应对应其内部控制目标和措施。具体实施中可以分以下三个环节开展。

(1) 发出原材料的控制测试。有些被审计单位发出原材料的内部控制要求：仓库管理员应把领料单编号、领用数量、规格等信息输入计算机系统，经仓储经理复核并以电子签名方式确认后，系统自动更新材料明细台账；原材料仓库分别于每月、每季和年度终了，对原材料存货进行盘点，会计部门对盘点结果进行复盘。由仓库管理员编写原材料盘点明细表，发现差异及时处理，经仓储经理、财务经理和生产经理复核后调整入账。

相应地，审计人员在实施控制测试时应当：抽取出库单及相关的领料单，检查是否正确输入并经适当层次复核；抽取原材料盘点明细表并检查是否经适当的人员复核，有关差异是否得到处理。

(2) 生产产品和核算产品成本的控制测试。有些被审计单位生产产品和核算产品成本的内部控制要求：生产成本记账员应根据原材料出库单编制原材料领用凭证，与计算机系统自动生成的生产记录日报表核对材料耗用和流转信息；由会计主管审核无误后，生成记账凭证并过账至生产成本及原材料明细账和总分类账。每月末，由生产车间与仓库核对原材料、半成品、产成品的转出和转入记录，如有差异，仓库管理员应编制差异分析报告，经仓储经理和生产经理签字确认后交会计部门进行调整。每月末，由计算机系统对生产成本中各项组成部分进行归集，按照预设的分摊公式和方法，自动将当月发生的生产成本在完工产品和在产品之间按比例分配；同时，将完工产品成本在各不同产品类别中分配，由此生成产品成本计算表和生产成本分配表；由生产成本记账员编制生产成本结转凭证，经会计主管审核批准后进行账务处理。

相应地，审计人员在实施控制测试时应当：抽取原材料领用凭证，检查是否与生产记录日报表一致，是否经适当审核，如有差异是否及时处理；抽取核对记录，检查差异是否已得到处理；抽取生产成本结转凭证，检查与支持性文件是否一致并经适当复核。当然，必要时应当考虑利用计算机专家的工作。

（3）储存产成品和发出产成品的控制测试。有些被审计单位储存产成品和发出产成品的内部控制要求：产成品入库时，质量检验员应检查并签发预先按顺序编号的产成品验收单，由生产小组将产成品送交仓库。仓库管理员应检查产成品验收单，并清点产成品数量，填写预先按顺序编号的产成品入库单，经质检经理、生产经理和仓储经理签字确认后，由仓库管理员将产成品入库单信息输入计算机系统，计算机系统自动更新产成品明细台账并与采购订购单编号核对。产成品出库时，由仓库管理员填写预先按顺序编号的出库单，并将产成品出库单信息输入计算机系统，经仓储经理复核并以电子签名方式确认后，计算机系统自动更新产成品明细台账并与发运通知单编号核对。产成品装运发出前，由运输经理独立检查出库单、销售订单和发运通知单，确定从仓库提取的商品附有经批准的销售订购单，且所提取商品的内容与销售订购单一致。每月末，生产成本记账员根据计算机系统内状态为"已处理"的订购单数量编制销售成本结转凭证，结转相应的销售成本，经会计主管审核批准后进行账务处理。产成品仓库分别于每月、每季和年度终了对产成品存货进行盘点，由会计部门对盘点结果进行复盘。仓库管理员应编写产成品存货盘点明细表，发现差异及时处理，经仓储经理、财务经理和生产经理复核后调整入账。

相应地，审计人员在实施控制测试时应当：抽取产成品验收单、产成品入库单并检查输入信息是否准确；抽取发运通知单、出库单并检查是否一致；抽取发运单和相关销售订购单，检查内容是否一致；抽取销售成本结转凭证检查与支持性文件是否一致并适当复核；抽取产成品存货盘点报告并检查是否经适当层次复核，有关差异是否得到处理。

2. 成本会计制度的控制测试

根据成本会计制度内部控制目标和措施，对应的控制测试应该包括：检查在凭证中是否包括对这三个关键点的恰当审批（发生认定的控制测试）；

检查有关成本的记账凭证是否附有生产通知单、领发料凭证、产量和工时记录、工薪费用分配表、材料费用分配表、制造费用分配表等原始凭证（真实性认定的控制测试）；检查生产通知单、领发料凭证、产量和工时记录、工薪费用分配表、材料费用分配表、制造费用分配表的顺序编号是否完整（完整性认定的控制测试）；选取样本测试各种费用的归集和分配以及成本的计算，测试是否按照规定的成本核算流程和账务处理流程进行核算和账务处理（计价和分摊认定的控制测试）；询问和观察存货与记录的接触以及相应的批准程序，询问和观察存货盘点程序（真实性、完整性、计价和分摊等认定的控制测试）。具体包括直接材料成本控制测试、直接人工成本控制测试、制造费用控制测试和生产成本在当期完工产品与在产品之间分配的控制测试四项内容。

（1）直接材料成本控制测试。对采用定额单耗的企业，可选择某一成本报告期若干种具有代表性的产品成本计算单，获取样本的生产指令或产量统计记录及直接材料单位消耗定额，根据材料明细账或采购业务测试工作底稿中各该直接材料的单位实际成本，计算直接材料的总消耗量和总成本，与该样本成本计算单中的直接材料成本核对，并注意下列事项：生产指令是否经过授权批准；单位消耗定额和材料成本计价方法是否适当，在当年度有无重大变更。

对未采用定额单耗的企业，获取材料费用分配汇总表、材料发出汇总表（或领料单）、材料明细账（或采购业务测试工作底稿）中该直接材料的单位成本，作如下检查：成本计算单中直接材料成本与材料费用分配汇总表中该产品负担的直接材料费用是否相符，分配标准是否合理；将抽取的材料发出汇总表或领料单中若干种直接材料的发出总量和各该种材料的实际单位成本之积，与材料费用分配汇总表中各该种材料费用进行比较，并注意领料单的签发是否经过授权批准，材料发出汇总表是否经过适当的人员复核，材料单位成本计价方法是否适当，在当年有无重大变更。

对采用标准成本法的企业，获取样本的生产指令或产量统计记录、直接材料单位标准用量、直接材料标准单价及发出材料汇总表或领料单，检查下列事项：根据生产量、直接材料单位标准用量和标准单价计算的标准成本与成本计算单中的直接材料成本核对是否相符；直接材料成本差异的计算与账务处理是否正确，并注意直接材料的标准成本在当年度内有无重大变更。

（2）直接人工成本控制测试。对采用计时工资制的企业，获取样本的实际工时统计记录、职员分类表和职员工薪手册（工资率）及人工费用分配汇总表，作如下检查：成本计算单中直接人工成本与人工费用分配汇总表中该样本的直接人工费用核对是否相符；样本的实际工时统计记录与人工费用分配汇总表中该样本的实际工时核对是否相符；抽取生产部门若干天的工时台账与实际工时统计记录核对是否相符；当没有实际工时统计记录时，则可根据职员分类表及职员工薪手册中的工资率，计算复核人工费用分配汇总表中该样本的直接人工费用是否合理。

对采用计件工资制的企业，获取样本的产量统计报告、个人（小组）产量记录和经批准的单位工薪标准或计件工资制度，检查下列事项：根据样本的统计产量和单位工薪标准计算的人工费用与成本计算单中直接人工成本核对是否相符；抽取若干个直接人工（小组）的产量记录，检查是否被汇总记入产量统计报告。

对采用标准成本法的企业，获取样本的生产指令或产量统计报告、工时统计报告和经批准的单位标准工时、标准工时工资率、直接人工的工薪汇总表等资料，检查下列事项：根据产量和单位标准工时计算的标准工时总量与标准工时工资率之积同成本计算单中直接人工成本核对是否相符；直接人工成本差异的计算与账务处理是否正确，并注意直接人工的标准成本在当年内有无重大变更。

（3）制造费用控制测试。获取样本的制造费用分配汇总表、按项目分列的制造费用明细账与制造费用分配标准有关的统计报告及相关原始记录，作如下检查：制造费用分配汇总表中样本分担的制造费用与成本计算单中的制造费用核对是否相符；制造费用分配汇总表中的合计数与样本所属成本报告期的制造费用明细账总计数核对是否相符；制造费用分配汇总表选择的分配标准（机器工时数、直接人工工资、直接人工工时数、产量等）与相关的统计报告或原始记录核对是否相符，并对费用分配标准的合理性作出评估；如果企业采用预计费用分配率分配制造费用，则应针对制造费用分配过多或过少的差额，检查其是否作了适当的账务处理；如果企业采用标准成本法，则应检查样本中标准制造费用的确定是否合理，记入成本计算单的数额是否正确，制造费用差异的计算与账务处理是否正确，并注意标准制造费用在当年度内有无重大变更。

（4）生产成本在当期完工产品与在产品之间分配的控制测试。检查成本计算单中在产品数量与生产统计报告或在产品盘存表中的数据是否一致；检查在产品约当产量计算或其他分配标准是否合理；计算复核样本的总成本和单位成本，最终对当年采用的成本会计制度作出评价。

在审计实务中，审计人员还可以以识别的重大错报风险为起点实施控制测试。根据控制测试的结果，对初步识别评估的重大错报风险进行修正，并根据修正后的最大错报风险，进一步确定实质性测试的性质、时间和范围。

二、人力资源与工薪循环部分的内部控制与控制测试

（一）人力资源与工薪循环部分的内部控制目标与关键控制点

人力资源与工薪循环内部控制通常都设计良好且运行有效，最大限度地减少员工的抱怨和不满，各类公司通常都有一套高质量的工资信息系统。由于对绝大多数公司来说，工薪处理都是相似的，因此审计人员经常需要依赖于组织的内部控制。

1. 内部控制的内容

从人力资源与工薪循环的内部控制基本原则看，内部控制主要包括以下几个方面。

（1）适当的职务分离。本循环中，职务分离非常重要，特别是能够防止超额支付和向不存在的员工支付。为了防止向员工过量支付工薪，或向不存在的员工虚假支付工薪，人力资源部门应独立于工薪职能，负责确定员工的雇用、解雇及其支付率和扣减额的变化。

（2）适当的授权。人力资源部门应当对员工的雇用与解雇负责。支付率和扣减额也应当进行适当授权。每一个员工的工作时间，特别是加班时间，都应经过主管人员的授权。所有工时卡都应表明核准情况，例外的加班时间也应当经过核准。

（3）适当的凭证和记录。适当的凭证和记录依赖于工资系统的特性。计时卡或工时记录只针对计时工。对于那些以计件工资率或其他激励系统为基础计算酬金的，应该有不同的工资记录。工时记录必须通过计时工作或任务

单位充分收集工资成本。鉴于工资完整性目标通常不是审计人员的关注点，因此在该循环中较少关注记录工时的有关凭证是否预先编号。

（4）资产和记录的实物控制。应当限制接触未签字的工薪支票。支票应由有关专职人员签字，工薪应当由独立于工薪和考勤职能之外的人员发放。

（5）工作的独立检查。工薪的计算应当独立验证，包括将审批工薪总额与汇总报告进行比较。管理层成员或其他负责人应当复核工薪金额，以避免明显的错报和异常的金额。

2. 内部控制的目标和措施

如果要体现在内部控制目标和措施上，则本循环的内部控制目标和措施主要如下。

（1）工薪账项均经正确批准（发生认定）。对以下五个关键控制点应履行恰当手续并经过特别审批或一般审批：批准工作时间，特别是加班时间；工资、薪金或佣金；代扣款项；工薪结算表和工薪汇总表等。

（2）记录的工薪真实而非虚构（发生认定）。关键控制点包括工时卡经领班核准，用生产记录钟记录工时等。

（3）所有已发生的工薪支出已作记录（完整性认定）。关键控制点包括工薪分配表、工薪汇总表完整反映已发生的工薪支出等。

（4）工薪以正确的金额在恰当的会计期间及时记录于适当的账户（发生、完整性、准确性、计价和分摊等认定）。关键控制点包括采用适当的工资费用分配方法，并且前后各期一致；采用适当的账务处理流程等。

（5）人事、考勤、工薪发放、记录之间相互分离（准确性认定）。关键控制点包括人事、考勤、工薪发放、记录等职务相互分离。

（二）评估重大错报风险

员工工薪包括每月支付给员工的固定薪水。对于固定薪水的员工，审计人员通过实施实质性分析程序和获取对期末余额的声明就能够对工薪交易和余额的完整性、截止、发生、准确性和分类认定获取高度的保证水平，这种实质性分析程序包括每周或每月对支出进行的趋势分析。

工薪费用可能具有较高的舞弊固有风险，因为企业可能为不存在的员工支付工薪。但是，由于围绕员工福利问题存在广泛的监管，以及工薪交易和余额包含了重要的交易类别，企业常常广泛采取预防性的控制活动（如果少支付了工资，员工一定会申诉，出于对预扣所得税、社会保险、失业保险的关注，国家相关部门均要对此进行检查），因此，剩余重大错报风险会降低。在这种情况下，注册会计师应当确定控制设计和实施的适当性，以支持评估为中或低的认定层次剩余重大风险。审计人员拟依赖的特别重要的控制，是管理层在实施监控程序时实施的高层次控制。

工薪交易和余额的重大错报风险主要是由于以下原因产生的：在工薪单上虚构员工；由一位可以更改员工数据主文档的员工在没有授权的情况下更改总工薪的付费标准；为员工并未工作的工时支付工薪；在进行工薪处理过程中出错；工薪扣款可能是不正确的，或未经员工个人授权，导致应付工薪扣款的返还和支付不正确；电子货币转账系统的银行账户不正确；将工薪支付给错误的员工；工薪长期未支付造成挪用现象；支付应付工薪扣款的金额不正确。

（三）控制测试

在本循环中，控制测试是验证账户余额的最重要方法。之所以强调这些测试，是由于缺乏独立的第三方证据（如函证）来验证应计工资、预扣个人所得税、应计工资税和其他资产负债表账户余额。而且，在大多数审计中，以上账户余额较小，特别是当审计人员确信有关工资交易已正确地输入计算机，以及纳税申报表已恰当地编制时，对以上账户余额的验证也是相当容易的。尽管控制测试及交易实质性测试是测试该循环的最重要部分，但通常审计人员并不对此进行大范围的测试。

内部控制测试可以以内部控制目标为起点进行，也可以以风险为起点进行。在以内部控制目标为起点的情况下，对应内部控制目标，在测试工薪内部控制时，首先，应选择若干月份工薪汇总表，作如下检查：计算复核每一份工薪汇总表；检查每一份工薪汇总表是否已经授权批准；检查应付工薪总额与人工费用分配汇总表中的合计数是否相符；检查其代扣款项的账务处理是否正确；检查实发工薪总额与银行付款凭单及银行存款对账单是否相符，并正确过入相关账户。其次，从工薪单中选取若干个样本（应包括各种不同类型人员），作如下检查：检查员工工薪卡或人事档案，确保工薪发放有依据；检查员工工薪率及实发工薪额的计算；检查实际工时统计记录（或产量统计报告）与员工工时卡（或产量记录）是否相符；检查员工加班记录与主管人员签名的月度加班费汇总表是否相符；检查员工扣款依据是否正确；检查员工的工薪签收证明；实地抽查部分员工，证明其确在本公司工作，如已离开本企业，需获得管理层证实。工薪内部控制的控制目标、内部控制和测试一览表见表 5-1。

表 5-1　工薪内部控制的控制目标、内部控制和测试一览表

内部控制目标	关键的内部控制	常用的控制测试	常用的交易实质性程序
工薪账项均经适当的批准。记录的工薪为实际发生的而非虚构的，已记录的工资支付确实与现有员工实际完成的工作相对应（发生）	保持充分的人事档案，工作经过授权，对人事、考勤和工资发放进行职责分工；对以下五个关键点，应履行恰当的批准手续，并经过特别审批或一般审批；批准上工、工作时间（特别是加班时间）、工薪、薪金或佣金，代扣款项，工薪结算表和工薪汇总表；计时卡经管理人员核准，使用时钟记录工时；支票在签字前经过授权	复核人事政策、组织结构图，检查人事档案中的授权；同员工讨论，观察职工履行情况；检查工时卡的核准说明，检查工时卡的有关核准；检查工薪记录有关内部检查标记，审查反映有关管理人员核准的标志	将工时卡与工时记录等进行比较，看其是否有大额或异常余额；对本期工薪费用实施分析程序，将有关费用明细账与工薪费用分配表、工薪结算表相核对；审查已核销支票是否恰当背书；比较已核销支票和人事记录，审查是否有不存在的员工
所有已发生的工薪支出已记录（完整性）	工薪分配表，工薪汇总表完整反映已发生的工薪支出	检查工薪分配表、工薪汇总表、工薪结算表，并核对员工工薪手册、员工手册等	对本期工薪费用的发生情况实施分析程序；将工薪费用分配表工薪汇总表、工薪结算表与有关费用明细账相核对
工薪以正确的金额，在恰当的会计期间及时记录于适当的账户（发生、完整性、准确性、计价和分摊）	采用适当的工薪费用分配方法，并且前后各期一致；采用适当的账务处理流程	选取样本测试工薪费用的归集和分配；测度是否按照规定的账务处理流程进行账务处理	对本期工薪费用实施分析程序；检查工薪的计提是否正确，分配方法是否与上期一致
工资交易已适当分类（分类）	科目选择合适，对分类进行内部验证	复核科目表；审查反映内部验证的标记	根据科目表核对分类正确性，复核计时卡与工作通知单，确定工作任务量，并追查至工人分布

第三节 存货的实质性程序

一、存货项目的审计目标与实质性程序概述

（一）存货项目及其对财务报表的影响

《企业会计准则第1号——存货》指出，存货是指企业在日常活动中持有以备出售的产成品或商品，处在生产过程中的在产品，以及在生产过程或提供劳务过程中耗用的材料和物料等。

通常情况下，存货对企业经营特点的反映能力强于其他资产项目，存货对于生产制造、贸易行业一般十分重要。通常，存货的重大错报对于财务状况和经营成果都会产生直接的影响。审计中许多复杂和重大的问题都与存货有关。存货、产品生产和销售成本构成了会计、审计乃至企业管理中最为普遍、重要和复杂的问题。

由于企业存货的品种、数量很多，收入支出频繁，存货金额在流动资产中占很大比重，存货的耗用又与产成品成本密切相关，存货的计价和相关销售成本都会对利润表和财务状况产生重大的影响。审计人员应确认存货在财务报表上是否实际存在和归被审计单位所有，在财务报表中列示的存货金额是否符合计价等认定。期末库存价值的高估虚增税前净利润，低估则相反。期末存货单位成本核算不准确，很有可能导致销售价格低于实际成本，长此以往，企业将很难持续经营，所以存货审计是一项重要内容。存货具有容易被盗和容易变质、毁损等不同于其他财务报表项目的特性，因此存货的高估风险较大。

（二）存货项目审计的目标、程序与审计特点

审计人员针对重大错报风险实施的实质性审计程序的目标在于获取存货存在、完整性、权利和义务、计价和分摊等多项认定的审计证据，为确定原材料、在产品、产成品及销售商品的成本在财务报表上得以公允表达获得合理保证。存货实质性程序的具体目标包括：确定存货是否存在；确定存货是否归被审计单位所有；确定存货增减变动的记录是否完整；确定存货的品质状况、存货跌价准备的计提是否合理；确定存货的计价方法是否恰当；确定

存货余额是否正确；确定存货在会计报表上的披露是否恰当。

为实现上述审计目标，审计人员应当识别管理层用于监控生产与存货交易和余额的关键性的业绩指标；确定影响被审计单位核心业务的重要的内部、外部经营风险，并考虑其对生产与存货流程可能产生的影响；将有关存货项目的期初余额与以前年度工作底稿核对相符；复核制造费用和销售成本总分类账中的异常情况，以及原材料、在产品和产成品等余额的变动情况，调查异常的会计处理，并将有关存货项目的期末余额与总分类账核对相符。在此基础上实施实质性程序。存货实质性程序可分为实质性分析程序和余额细节测试两个方面。《中国注册会计师审计准则第 1311 号——对存货、诉讼和索赔、分部信息等特定项目获取审计证据的具体考虑》第三章第四条特别强调，如果存货对财务报表是重要的，注册会计师应当实施下列审计程序，对存货的存在和状况获取充分、适当的审计证据：在存货盘点现场实施监盘（除非不可行）；对期末存货记录实施审计程序，以确定其是否准确反映实际的存货盘点结果。

通常情况下，与其他资产项目相比，存货更能反映企业的经营特点。对于制造业、贸易业等行业的被审计单位而言，存货采购、生产和销售通常对其财务状况、经营成果和现金流量都具有重大影响，资本市场上很多舞弊案例也都涉及存货的虚假记录。存货审计，尤其是对年末存货余额的测试，通常是审计中最复杂也是最费时的部分。对存货存在性和存货价值的确定常常十分困难。导致存货审计复杂的主要原因包括：存货通常是资产负债表的一个主要项目，并且通常是构成营运资本的最大项目；存货存放于不同的地点，这使得对它的实物控制和盘点都很困难，企业必须将存货存放于便于产品生产和销售的地方，但是这种分散也给审计带来了困难；存货项目的多样性也给审计带来了困难，例如化学制品、宝石、电子元件，以及其他高科技产品；存货本身的陈旧，以及存货成本的分配也使得存货的估价困难；不同企业采用的存货计价方法存在多样性。

正是存货对于企业的重要性、存在问题的复杂性，以及存货与其他项目密切的关联度，要求审计人员对存货项目的审计应当予以特别关注。相应地，要求存货项目审计人员应具备较高的专业素质和相关业务知识，分配较多的审计时间，运用多种有针对性的审计程序。

二、确定各存货明细项目与总账、报表的余额是否相符

审计人员可以通过编制"存货导引表"确认存货的余额。"存货导引表"可以按会计科目明细数列示，如原材料、低值易耗品、库存商品等。该实质性测试为"估价或分摊"认定提供证据。具体格式见表5-2。

表 5-2 存货导引表

被审计单位：　　　　　　　　　　　　　　　索引号：
项目：　　　　　　　　　　　　　　　　　　财务报表截止日/期间：
编制：　　　　　　　　　　　　　　　　　　复核：
日期：　　　　　　　　　　　　　　　　　　日期：

序号	项目	年初余额			年末余额		
		调整前	审计调整	调整后	调整前	审计调整	调整后
	在途材料						
	库存材料						
	包装物						
	低值易耗品						
	库存商品						
	生产成本						
	合计						
注释							
结论		经审计/经审计调，存货余额可以确认					

三、实质性分析程序

分析性程序在存货审计中是经常用到的方法，因为一般制造业企业存货金额较大，并且流动频繁，在审计时很难做到全面确认和盘点，运用分析性方法可以大概分析出存货中是否存在巨额的高估或低估问题。在生产与存货循环的分析性复核中，审计人员通常运用的方法有简单比较法和比率比较法两种。

（一）简单比较法

根据对被审计单位的经营活动、供应商的发展历程、贸易条件、行业惯例和行业现状的了解，确定营业收入、营业成本、毛利，以及存货周转和费用支出项目的期望值。

根据本期存货余额组成、存货采购、生产水平与以前期间和预算等进行比较,估计营业收入、营业成本和存货可接受的重大差异额,评价其总体合理性。可以使用计算机辅助审计方法下载被审计单位存货主文档和总分类账户,以便计算财务指标和经营指标,并将计算结果与期望值进行比较。按区域分析被审计单位各月存货变动情况,并考虑存货变动情况是否与季节性变动和经济因素变动一致。

将存货余额与现有的订单、资产负债表日后各期的销售额和下一年度的预测销售额进行比较,以评估存货滞销和跌价的可能性。

将存货跌价准备与本年度存货处理损失的金额相比较,判断被审计单位是否计提足额的跌价损失准备。

将与关联企业发生存货交易的频率、规模、价格和账款结算条件,与非关联企业对比,判断被审计单位是否利用关联企业的存货交易虚构业务交易、调节利润。

(二)比率比较法

在生产循环的分析性程序中,审计人员通常运用的比率主要是存货周转率和毛利率。

存货周转率是用以衡量销售能力和存货是否积压的指标。存货周转率的异常波动可能意味着被审计单位存在有意或无意地减少存货储备的行为;存货管理或控制程序发生变动;存货成本项目或核算方法发生变动,以及存货跌价准备计提基础或冲销政策发生变动等情况。

毛利率是反映盈利能力的主要指标,用以衡量成本控制及销售价格的变化。对周转缓慢或者长时间没有周转(如超过半年),以及出现负余额的存货项目单独摘录并列表。毛利率的异常变动可能意味着被审计单位存在销售价格、销售产品总体结构、单位产品成本发生变动等情况。审计人员可利用所掌握的、适用于被审计单位的销售毛利率知识,判断各类产品的销售毛利率是否符合期望值,存货周转率或者周转能力是否随着主要存货项目的变化而变化。

四、存货监盘

(一)存货监盘的目的与实施概述

存货监盘是指审计人员现场观察被审计单位存货的盘点,并对已盘点的存货进行适当检查。

监盘存货的目的在于获取有关存货数量和状况的审计证据。因为存货的结存数量将直接影响财务报表上存货的金额，并与企业利润有密切联系。因此，一般情况下，监盘年末存货数量是存货审计中的首要内容和必经的审计程序。除非审计人员无法实施监盘程序，且可选择可以信赖的替代程序，否则审计人员应对未实施监盘的存货价值提出保留意见。

需要指出的是，定期盘点存货，合理确定存货的数量和状况是被审计单位管理层的责任。实施存货监盘，获取有关存货存在和状况的充分、适当的审计证据，是注册会计师的责任。除存货的存在和状况外，注册会计师还可能在存货监盘中获取有关存货所有权的部分审计证据。例如，如果注册会计师在监盘中注意到某些存货已经被法院查封，需要考虑被审计单位对这些存货的所有权是否受到了限制。但如《〈中国注册会计师审计准则第 1311 号——对存货、诉讼和索赔、分部信息等特定项目获取审计证据的具体考虑〉应用指南》第六条所述，存货监盘本身并不足以供注册会计师确定存货的所有权，注册会计师可能需要执行其他实质性审计程序以应对所有权认定的相关风险。在实务中，注册会计师需要恰当区分被审计单位对存货盘点的责任和注册会计师对存货监盘的责任，在执行存货监盘过程中不应协助被审计单位的存货盘点工作。

《中国注册会计师审计准则第 1311 号——对存货、诉讼和索赔、分部信息等特定项目获取审计证据的具体考虑》对注册会计师实施存货监盘程序作出了规定。在存货盘点现场实施监盘时，注册会计师应当实施下列审计程序：评价管理层用以记录和控制存货盘点结果的指令和程序；观察管理层制定的盘点程序的执行情况；检查存货；执行抽盘。

（二）存货监盘计划

有效的存货监盘需要制订周密、细致的计划，为了避免误解并有助于有效地实施存货监盘，审计人员通常需要与被审计单位就存货监盘等问题达成一致意见。因此，审计人员应当根据被审计单位存货的特点、盘存制度和存货内部控制的有效性等情况，在评价被审计单位存货盘点计划的基础上，编制存货监盘计划，对存货监盘作出合理安排。存货存在与完整性的认定具有较高的重大错报风险，而且审计人员通常只有一次机会通过存货的实地监盘对有关认定作出评价。根据计划过程所搜集到的信息，有助于审计人员合理确定参与监盘的地点及存货监盘的程序。

在编制存货监盘计划时，审计人员应当实施下列审计程序：了解存货的内容、性质、各存货项目的重要程度及存放场所；了解与存货相关的内部控制（包括存货盘点程序）；评估与存货相关的重大错报风险和重要性；查阅以前年度的存货监盘工作底稿；考虑实地察看存货的存放场所，特别是金额较大或性质特殊的存货；考虑是否需要利用专家的工作或其他审计人员的工作；复核或与管理层讨论其存货盘点计划。

审计人员在考虑到以上因素之后，制订存货监盘计划。存货监盘计划应当包括以下主要内容：存货监盘的目标、范围及时间安排；存货监盘的要点及关注事项；参加存货监盘人员的分工；检查存货的范围。

（三）存货监盘实施

1. 观察被审计单位的盘点过程

在被审计单位盘点存货前，审计人员应当观察盘点现场，确定应纳入盘点范围的存货是否已经适当整理和排列，并附有盘点标识，防止遗漏或重复盘点。对未纳入盘点范围的存货，审计人员应当查明未纳入的原因。对所有权不属于被审计单位的存货，审计人员应当取得其规格、数量等资料，确定是否已分别存放、标明，且未被纳入盘点范围。

2. 执行抽盘

审计人员应当对已盘点的存货进行适当检查，将检查结果与被审计单位盘点记录相核对，并形成相应记录。可以从存货盘点记录中选取项目追查至存货实物，以测试盘点记录的准确性；也可以从存货实物中选取项目追查至存货盘点记录，以测试存货盘点记录的完整性。检查的目的既可以是验证被审计单位的盘点计划得到适当的执行（控制测试），也可以是证实被审计单位的存货实物总额（实质性程序）。如果观察程序能够表明被审计单位的组织管理得当，盘点、监督及复核程序充分有效，审计人员可据此减少所需检查的存货项目。在实施检查程序时，审计人员应尽可能避免让被审计单位事先了解将抽取检查的存货项目。检查的范围通常包括每个盘点小组盘点的存货，以及难以盘点或隐蔽性较强的存货。

3. 需要特别关注的情况

（1）存货存放在多个地点的情况。《〈中国注册会计师审计准则第1311号——对存货、诉讼和索赔、分部信息等特定项目获取审计证据的具体考虑〉应用指南》第3段提及，在计划存货监盘时，注册会计师需要考虑的事项包括存货的存放地点（包括不同存放地点的存货的重要性和重大错报风险），以确定适当的监盘地点。如果被审计单位的存货存放在多个地点，注册会计师可以要求被审计单位提供一份完整的存货存放地点清单（包括期末库存量为零的仓库、租赁的仓库，以及第三方代被审计单位保管存货的仓库等），并考虑其完整性。根据具体情况下的风险评估结果，注册会计师可以考虑执行相应审计程序。

（2）存货移动情况。一般而言，被审计单位在盘点过程中停止生产并关闭存货存放地点以确保停止存货的移动，有利于保证盘点的准确性。但特定情况下，被审计单位可能由于实际原因无法停止生产或收发货物。这种情况下，注册会计师可以根据被审计单位的具体情况考虑其无法停止存货移动的原因及其合理性。同时，注册会计师可以通过询问管理层，以及阅读被审计单位的盘点计划等方式，了解被审计单位对存货移动所采取的控制程序和对存货收发截止影响的考虑。例如，如果被审计单位在盘点过程中无法停止生产，可以考虑在仓库内划分出独立的过渡区域，将预计在盘点期间领用的存货移至过渡区域，将盘点期间办理入库手续的存货暂时存放在过渡区域，以此确保相关存货只被盘点一次。

（3）存货的状况。审计人员应当特别关注存货的状况，观察被审计单位是否已经恰当区分所有毁损、陈旧、过时及残次的存货，并追查这些存货的处置情况。

（4）存货的截止。审计人员应获取盘点日前后存货收发及移动的凭证，即获取存货验收入库、装运出库，以及内部转移截止等信息，以检查库存记录与会计记录期末截止是否正确。审计人员可通过观察存货的验收入库地点和装运出库地点来执行截止测试，在存货入库和装运过程中采用连续编号的凭证时，应当关注截止日期前的最后编号；若没有使用连续编号的凭证，则应当列出截止日期以前的最后几笔装运和入库记录。

（5）对特殊类型存货的监盘。常见的盘点方法和控制程序可能并不完全适用于某些特殊类型的存货，这些存货可能存在无法用标签予以标识，数量难以估计或质量难以确定等情况。对于这些特殊类型的存货，注册会计师可以首先了解被审计单位计划采用的盘点方法，并评估其盘点方法是否满足会计核算的需要，即保证存货在财务报表中得以恰当计量和披露。在此基础上，注册会计师需要运用职业判断，根据被审计单位所处行业的特点、存货的类型和特点以及内部控制等具体情况，设计针对特殊类型存货的具体监盘程序。在某些情况下，对于特定类型的存货（例如矿藏、贵金属等），被审计单位可能会聘请外部专业机构协助进行存货盘点。用专家的工作协助其进行监盘。《中国注册会计师审计准则第1421号——利用专家的工作》规范了如何利用专家协助注册会计师获取充分、适当的审计证据，如果注册会计师决定利用专家的工作，应当按照该准则的要求执行工作。

4. 存货监盘结束时的工作

在被审计单位存货盘点结束前，审计人员应当再次观察盘点现场，以确定所有应纳入盘点范围的存货是否均已盘点，并检查已填用、作废及未使用盘点表单的号码记录，确定其是否连续编号，查明已发放的表单是否均已收回，并与存货盘点的汇总记录进行核对。审计人员应根据自己在存货监盘过程中获取的信息对被审计单位最终的存货盘点结果汇总记录进行复核，并评估其是否正确地反映了实际盘点结果。

《中国注册会计师审计准则第1311号——对存货、诉讼和索赔、分部信息等特定项目获取审计证据的具体考虑》第五条要求，如果存货盘点在财务报表日以外的其他日期进行，注册会计师除实施规定的审计程序外，还应当实施其他审计程序，以获取审计证据，确定存货盘点日与财务报表日之间的存货变动是否已得到恰当的记录。在实务中，注册会计师可以结合盘点日至财务报表日之间间隔期的长短、相关内部控制的有效性等因素进行风险评估，设计和执行适当的审计程序。在实质性程序方面，注册会计师可以实施的程序示例包括：比较盘点日和财务报表日之间的存货信息以识别异常项目，并对其执行适当的审计程序（例如实地查看等）；对存货周转率或存货销售周转天数等实施实质性分析程序；对盘点日至财务报表日之间的存货采购和存货销售分别实施双向检查（例如，对存货采购从入库单查至其相应的永续盘存记录，以及从永续盘存记录查至其相应的入库单等支持性文件，对存货销售从货运单据查至其相应的永续盘存记录，以及从永续盘存记录查至其相应的货运单据等支持性文件）；测试存货销售和采购在盘点日和财务报表日的截止是否正确。

此外，如果被审计单位采用永续盘存制核算存货，审计人员应当关注永续盘存制下的期末存货记录与存货盘点结果之间是否一致。如果两者之间存在较大差异，应当实施追加的审计程序，查明原因并检查永续盘存记录是否已经适当调整。

（四）对于由第三方保管或控制的存货以及存货监盘不可行时的审计程序

《中国注册会计师审计准则第 1311 号——对存货、诉讼和索赔、分部信息等特定项目获取审计证据的具体考虑》第八条规定，如果由第三方保管或控制的存货对财务报表是重要的，注册会计师应当实施下列一项或两项审计程序，以获取有关该存货存在和状况的充分、适当的审计证据：向持有被审计单位存货的第三方函证存货的数量和状况；实施检查或其他适合具体情况的审计程序。

《〈中国注册会计师审计准则第 1311 号——对存货、诉讼和索赔、分部信息等特定项目获取审计证据的具体考虑〉应用指南》第 16 段进一步提及，根据具体情况（如获取的信息使注册会计师对第三方的诚信和客观性产生疑虑），注册会计师可能认为实施其他审计程序是适当的。其他审计程序可以作为函证的替代程序，也可以作为追加的审计程序。其他审计程序的示例包括：实施或安排其他注册会计师实施对第三方的存货监盘（如可行）；获取其他注册会计师或服务机构注册会计师针对用以保证存货得到恰当盘点和保管的内部控制的适当性而出具的报告；检查与第三方持有的存货相关的文件记录，如仓储单；当存货被作为抵押品时，要求其他机构或人员进行确认。

《中国注册会计师审计准则第 1311 号——对存货、诉讼和索赔、分部信息等特定项目获取审计证据的具体考虑》第七条要求，如果在存货盘点现场实施存货监盘不可行，注册会计师应当实施替代审计程序，以获取有关存货的存在和状况的充分、适当的审计证据。但在其他一些情况下，实施替代审计程序可能无法获取有关存货存在和状况的充分、适当的审计证据。在这种情况下，注册会计师需要按照《中国注册会计师审计准则第

1502 号——在审计报告中发表非无保留意见》的规定发表非无保留意见。

（五）存货监盘时舞弊风险影响的考虑

按照《中国注册会计师审计准则第 1101 号——注册会计师的总体目标和审计工作的基本要求》的规定，为获取合理保证，注册会计师应当在整个审计过程中保持职业怀疑。对于存货监盘，注册会计师需要在监盘工作执行过程中关注可能存在舞弊的迹象。例如，如果管理层不允许注册会计师在同一时间对所有存放地点的存货实施监盘，可能存在管理层操纵转移不同地点的存货以虚增或虚减存货的风险。

注册会计师需要根据具体情况下对于被审计单位与存货数量相关的舞弊风险评估，设计和实施相应的存货监盘审计程序，并恰当应对监盘过程中所识别出的舞弊或舞弊嫌疑。例如，对于注册会计师在监盘过程中注意到但未反映在被审计单位存货盘点表上的存货，如果管理层解释称这些存货为代第三方持有或保管的存货，注册会计师可以通过进一步的审计程序，包括查看与这些存货权属相关的证明文件，向第三方函证等，来评估管理层答复的真实性和合理性，以应对可能存在的这些存货已被确认为销售收入，但其相关风险和报酬实际尚未转移的重大错报风险。

五、存货函证

如前所述，如果由于被审计单位存货的性质或位置等原因导致无法实施存货监盘，或者对被审计单位委托其他单位保管的或已作质押的存货，审计人员应该向顾客或供应商、保管人或债权人对存货实施函证。以下是委托代管存货询证函的示例。

甲公司：

本公司聘请的××会计师事务所正在对本公司财务报表进行审计。按照中国注册会计师审计准则的要求应当询证截至 20×× 年 × 月 × 日由贵公司持有，代本公司加工、销售或保管的存货的详细资料。下列数据出自本公司账簿记录，如与贵公司记录相符，请在本函下端"询证事项证明无误"处签章证明；如有不符，请在"询证事项不符"处列明不符情况。回函请直接寄至××会计师事务所。

回函地址：   邮编：

电话：   传真：   联系人：

截至20××年×月×日由贵公司持有、代本公司加工、销售或保管的存货列示如下：

类别	品名	数量	是否有留置权	状况
1. 代加工存货				
2. 代销售存货				
3. 代保管存货				

本函仅为复核账目之用，请及时函复为盼。

（公司盖章）
20××年××月××日

以下仅供被询证单位使用

结论：

1. 询证事项证明无误。	2. 询证事项不符，请列明不符项目及具体内容。
（甲公司盖章） 年　月　日 经办人：	（甲公司盖章） 年　月　日 经办人：

六、确定存货是否归被审计单位所有

企业存货的确认通常以获得该项商品或物资的所有权为标志，如某项存货已经验收入库且可供企业支配，即使货款尚未支付，也应该看做企业的存货；同样，购买某项货物的货款已经支付而商品或材料尚未运达企业，也应看做企业的存货。

对于发出的存货，应以标志该存货所有权已经转移的事件是否发生或凭证是否取得来确认存货的所有权归属而不管款项是否已经收到，若上述事实已存在，则存货的所有权已经转移，存货已不归被审计单位所有，不管该存货是否仍存放在被审计单位的仓库。

代人保存和来料加工的存货，其所有权不归被审计单位所有，不应计入存货余额中；而企业存放或寄销在外地的存货，因其所有权属于被审计单位，所以其金额和数量应列入被审计单位存货余额中。

审计中应注意收集能证明存货所有权的文件和凭证，如购销合同、购销发票等。

七、存货截止测试

（一）存货截止测试的含义

存货截止测试就是检查已经记录为企业所有并包括在 12 月 31 日存货盘点范围内的存货中是否含有截至该日尚未购入或已经售出的部分。存货正确截止的关键在于存货实物纳入盘点范围的时间与存货引起的借贷双方会计科目的入账时间都处于同一会计期间。

正确确定存货购入与售出的截止日期是正确、完整地记录企业期末存货的前提。如果被审计单位当年 12 月 31 日购入货物，并已包括在当年 12 月 31 日的实物盘点范围内，而当年 12 月份账上并无进货与相应的负债记录，这就少记了账面存货和应付账款，这时若将盘盈的存货冲减有关的费用或增加有关收入，就虚增了本年利润；相反，如果在当年 12 月 31 日收到一张购货发票，并记入当年 12 月份账内，而这张发票所对应的存货实物却在次年 1 月 3 日才收到，未包括在当年年度的盘点范围内，如果此时根据盘亏结果增加费用或损失，就会虚减本年的存货和利润。

（二）存货截止测试的方法

1. 检查存货盘点日前后的购货（销售）发票与验收报告、入库单（或出库单）

在一般情况下，档案中的每张发票均附有验收报告与入库单（或出库单），因此，测试购销业务年末截止情况的主要方法是检查存货盘点日前后的购货发票与验收报告与入库单（或销售发票与出库单，下同）。如果 12 月底入账的发票附有 12 月 31 日或之前日期的验收报告与入库单，则货物肯定已经入库，并包括在本年的实地盘点存货范围内。如果验收报告日期为 1 月份的日期，则货物不会列入年底实地盘点的存货中。反之，如果仅有验收报告与入库单而没有购货发票，则应认真审核每一验收报告单上面是否加盖暂估入库印章，并以暂估价记入当年存货账内，待次年年初以红字冲销。

2. 查阅验收部门的业务记录

存货截止测试的另一审核方法是查阅验收部门的业务记录，凡是接近年底（包括次年年初）购入或销售的货物，均必须查明其相应的购货或销售发票是否在同期入账。对于未收到购货发票的入库存货，应查明是否将入库单分开存放并暂估入账；对已填制出库单而未发出的商品，应查明是否将其单独保管。

对于测试完成后发现的截止期处理不当的情况，审计人员应提请被审计单位作必要的会计账务调整。

八、存货的计价测试

监盘程序主要是对存货的结存数量予以确认，为验证财务报表上存货余额的真实性，还必须对存货的计价进行审计，即确定存货实物数量和永续盘存记录中的数量是否经过正确的计价和汇总。存货计价测试的主要程序包括以下几项。

（一）选择测试样本

用于计价测试的样本应从存货数量已经盘点、单价和总金额已经记入存货汇总表的结存存货中选择。选择时应着重结存余额较大且价格变化较频繁的项目，同时考虑所选样本的代表性。抽样方法一般采用分层抽样法，抽样规模应足以推断总体的情况。

（二）计价方法的确认

存货的计价方法多种多样，被审计单位应结合企业会计准则的基本要求选择符合自身特点的方法。审计人员除应了解企业的存货计价方法外，还应对这种计价方法的合理性与一贯性予以关注，没有足够理由，计价方法在同一会计年度内不得变动。对于已变动的计价方法，审计人员应审查其变动是否在财务报表上予以充分披露。

1. 存货价格组成内容的测试

进行计价测试时，审计人员首先应对存货价格的组成内容予以审核，然后按照所了解的计价方法对所选择的存货样本进行计价测试。测试时，应尽量排除被审计单位已有计算方法和结果的影响，独立地进行测试。测试结果出来后，应与被审计单位账面价值对比，编制对比分析表，分析形成差异的原因。如果差异过大，应扩大测试范围，并根据测试结果考虑是否应提出审计调整建议。

在存货计价测试中，由于被审计单位对期末存货采用成本与可变现净值孰低的方法计价，所以审计人员应充分关注其对存货可变现净值的确定及存货跌价准备的计提。

可变现净值是指企业在正常经营过程中，存货的估计售价减去至完工时估计将要发生的成本、估计的销售费用，以及相关税费后的金额。企业确定存货的可变现净值应当以取得的确凿证据为基础，并且考虑持有存货的目的、资产负债表日后事项的影响等因素。

存货跌价准备应按单个存货项目的成本与可变现净值计量。如果某些存货具有相同或类似的最终用途或目的，并与在同一地区生产和销售的产品系列相关，且实际上难以将其与该产品系列的其他项目区别开来进行估价，可以合并计量存货跌价准备；对于数量繁多、单价较低的存货，可以按存货类别计量成本与可变现净值。

2. 存货成本的计价测试

存货成本审计主要包括直接材料成本的审计、直接人工成本的审计、制造费用的审计等内容。

九、确定存货的品质状况，存货跌价准备的计提是否合理

企业应当定期或者至少于每年年度终了，对存货进行全面清查，当存在下列情况之一时，应当提取存货跌价准备：市价持续下跌，并且在可预见的未来无回升的希望；企业使用该项原材料生产的产品成本大于产品的销售价格；企业因产品更新换代，原有库存原材料已不适应新产品的需要进行以下工作；因企业所提供的商品或劳务过时或消费者偏好改变而使市场的需求发生变化，导致市场价格逐渐下降；其他足以证明该项存货实质上已经发生减值的情形。

当存在以下一项或若干项情况时，应当将存货账面余额全部转入损益：已霉烂变质的存货；已过期不可退回的存货（主要指食品等）；生产中已不再需要，并且已无转让价值的存货；其他足以证明已无使用价值和转让价值的存货。

存货跌价准备应按单个存货项目的成本与可变现净值计量，如果某些存货具有类似用途并与在同一地区生产和销售的产品系列相关，且实际上难以

将其与该产品系列的其他项目区别开来进行估价，可以合并计量成本与可变现净值；对于数量繁多、单价较低的存货，可以按存货类别计量成本与可变现净值。如果被审计单位认定其存货系高技术产品，审计人员可请求外界专家提供帮助。审计人员只有在对该专家的能力和超然独立性感到满意时，才能将使用专家的工作作为一种获取适当证据的审计程序。对于被审计单位的存货跌价准备，审计人员应检查被审计单位存货跌价准备计提和结转的依据、手续和会计处理是否正确，是否经过授权批准，前后各期是否一致。这项实质性测试与"估价或分摊"认定有关。存货跌价准备审计的难点是计提的恰当性。计提资产减值准备是为了把公司的"水分"挤干，避免公司一方面存在大量的不良资产甚至潜亏，另一方面报表上又体现可观的利润。但除了坏账准备计提有明确的标准外，其余七项资产减值准备计提并无明确标准，大部分看起来似乎比较"灵活"。所以，审计人员既要关注计提的充分性，又要关注是否存在通过计提秘密准备来调节利润的现象。对于存货而言，审计人员可采取向采购部门和销售部门询问的方式，了解库存原材料和产成品的最近市场价格。

对于存货中存在的不良资产，审计人员还需要进行以下工作：首先，对存货进行盘点，确定存货的短缺、霉变毁损数量及金额；其次，对存货的账面价值与市价进行比较，以确定存货账面价值高于实际价值的金额，对于其中人为高估利润而造成产成品、自制半成品、生产成本等存货的虚增，应与正常的市价下跌引起的存货减值加以区分，以确定问题性质，分清责任；最后，审查分期收款发出商品合同，检查货款收回情况，对未执行合同而长期挂账的分期收款发出商品，应通过查询及函证，对其可收回性进行评估，以确认其中包含的不良资产数额。若原来使存货跌价的影响因素已经消失的，减记的金额应当予以恢复，并在原计提的存货跌价准备金额内转回，转回的金额计入当期损益。相应地，审计人员应当关注存货跌价准备的转回，判断转回金额及时间的依据是否合理，会计处理是否正确，相应的披露是否恰当。

十、存货相关账户审计

存货在企业总资产中占有很高比重，资产负债表中"存货"一项由众多账户组成，如材料采购、原材料、包装物、低值易耗品、材料成本差异、自制半成品、库存商品、委托加工物资、委托代销商品、受托代销商品、分期收款发出商品、生产成本、制造费用等。作为构成"存货"的项目，它们有相同之处，所以可以考虑一并审计；同时，每一个科目又有其单独的核算内容，所以若被审计单位有这些科目的核算内容，应考虑制定审计程序进行审计测试。具体来讲，存货相关账户审计相同的审计程序包括以下几点。

应获取或编制存货相关账户明细表，复核加计是否正确，并与总账数、明细账合计数核对是否相符。

进行分析性复核，对期末存货相关账户余额与上期期末余额进行比较，解释其波动原因，并对大额异常项目进行调查。

对存货项目进行监盘和抽点，取得盘点资料和盘盈、盘亏报告表，作重点抽查，并注意查明账实不符原因，有关审批手续是否完备，账务处理是否正确；存放在外的库存材料，应现场察看或函询核实。

检查存货购入和发出的入账基础与计价方法是否正确，是否前后期一致；抽查年末结存量较大的存货项目的计价是否正确，必要时进行复算，若原材料以计划成本计价，还应检查"材料成本差异"账项发生额、转销额计算是否正确。

查阅资产负债表日前后若干天的存货增减变动的有关账簿记录和原始凭证，检查有无跨期现象，如有，则应作出记录，必要时作调整。

对原材料的审计，应注意审核有无长期挂账原材料事项，如有，应查明原因，必要时作调整；结合原材料的盘点，检查期末有无料到单未到情况。如有，应查明是否已暂估入账，其暂估价是否合理。

对低值易耗品的审计，应检查低值易耗品与固定资产的划分是否符合规定，低值易耗品摊销方法是否正确，前后期是否一致。

对材料成本差异的审计，应重点对每月材料成本差异率进行分析性复核，检查是否有异常波动，注意是否存在调节成本现象；抽查若干月发出材料汇总表，检查材料成本差异的分配是否正确，并注意分配方法前后期是否一致。

对委托加工物资的审计，应重点检查若干份委托加工业务合同，抽查有关发料凭证、加工费、运费结算凭证，核对其计费、计价是否正确，会计处理是否及时、正确；抽查加工完成物资的验收入库手续是否齐全，会计处理是否正确；对委托加工物资的期末余额，应现场查看或函询核实；检查是否定期收到委托代销商品销售月结单（对账单），抽查若干月的销售月结单（对账单），验明会计处理是否及时、正确。

对受托代销商品的审计，应重点检查若干份受托代销业务合同，抽查有关收货凭证，核对其会计处理是否及时、正确；检查是否定期发出受托代销商品销售月结单（对账单），抽查若干月的销售月结单（对账单），验明会计处理是否及时、正确；对受托代销商品的期末余额，应现场查看其是否存在。

对分期收款发出商品的审计，应重点检查若干份分期收款业务协议、合同，抽查有关发货凭证，核对其会计处理是否及时、正确；结合库存商品审计、抽查分期收款发出商品的入账基础，是否与库存商品结转额核对相符。检查是否按合同约定时间分期收回货款，并复核其转销成本是否与约定收到货款比例配比，验明会计处理是否及时、正确；对分期收款发出商品的期末余额，必要时应函询核实。

十一、确定存货在会计报表的披露是否恰当

审计人员应重点确认资产负债表中存货和利润表中主营业务成本的恰当披露，以及报表附注中有关存货计价方法、抵押存货、重大购货承诺的披露。审计人员还可以通过复核董事会会议记录和询问管理层，获得更多证据。按照我国《企业会计准则》和《企业会计制度》的规定，企业应当披露下列与存货有关的信息：材料、在产品、产成品等类存货的当期期初和期末账面价值及总额；当期计提的存货跌价准备和当期转回的存货跌价准备；存货取得的方式以及低值易耗品和包装物的摊销方法；存货跌价准备的计提方法；确定存货可变现净值的依据；确定发出存货的成本所采用的方法；用于债务担保的存货的账面价值；采用后进先出法确定的发出存货的成本与采用先进先出法、加权平均法或移动平均法确定的发出存货的成本的差异；当期确认为费用的存货成本，如主营业务成本等。

十二、各种测试的整合应用

图 5-3 列示了生产与存货循环审计中各种测试之间的内在联系。

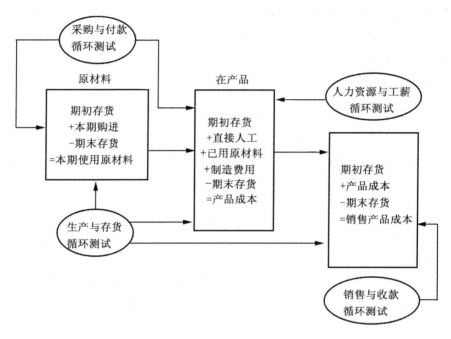

图 5-3　各种测试之间的关系

当审计人员对采购与付款循环中的采购交易进行验证时，应取得除人工以外的外购原材料和制造费用是否准确的证据。这些采购成本要么直接转为销售成本，要么成为期末原材料、在产品和产成品等存货的重要组成部分。在审计存货时，通常将它作为采购与付款循环审计中控制测试和交易实质性测试的一部分。同样，如果制造费用按照订单和不同工序进行分配，其测试也通常作为采购与付款循环测试的一部分。

审计人员对人工成本的验证与对采购交易的验证基本相似。在大多数情况下，直接、间接人工的成本会计记录测试可作为工薪循环审计的一部分。

尽管销售与收款循环和生产与存货循环的关系不如上述两个循环同生产与存货循环的关系那样紧密，但它仍然很重要。关于产成品入库、发运和销售记录的大多数测试都在销售与收款测试中完成。成本会计测试对验证以上三种测试未能验证的影响存货的内部控制十分有用。这些测试包括实物控制、原材料成本转入在产品、在产品成本转入产成品文件和单位成本记录。

存货的实地盘点、计价与汇总在审计中同样重要，因为其中的任何一个错报必然导致存货和销售成本的错报。在大多数存货审计的测试中，通常假定销售成本等于期初存货加上外购原材料、直接人工、制造费用，再减去期末存货，因为销售成本是一个余额，且通常还是利润表中的重大账户之一，因此期末存货审计就显得格外重要。

另外，不同来源的存货在计价和分摊方面的性质是不同的。比如，将在产品和产成品与外购商品进行比较，外购商品计量的准确性取决于供应商的价格和其达到销售状态所需的进一步成本，而在产品、产成品计量的准确性则更多地依赖于复杂的生产成本，包括耗用的原材料、人工成本和间接可变费用的分配，这些将影响存货余额的计价和分摊。进而言之，与生产相关存货可变现净值的确认可能更难，由于产品的特殊性，它主要取决于被审计单位能够实现的销售价格，而不是外购商品存货在公开市场上的外购价格。如果被审计单位现有的存货项目周转过慢，就可能没有任何近期的销售可供确认存货的可变现净值。在这种情况下，审计人员可能谨慎地给那些包括产成品在内的与生产相关存货项目的计价和分摊认定设定一个检查风险较低的可接受水平，而同时给外购商品等存货项目的计价和分摊认定设定一个检查风险较高的可接受水平。

审计生产与存货交易和余额时的另一考虑就是其与采购、销售收入及销售成本间的相互关系，因为存货认定取得的证据也同时为其对应项目的认定提供了证据。例如，通过存货监盘和对已收存货的截止测试取得的，与外购商品或原材料存货的完整性和存在认定相关的证据，自动为同一期间原材料和商品采购的完整性和发生提供了保证。类似地，销售收入的截止测试也为期末之前的销售成本已经从期末存货中扣除并正确计入销售成本提供证据。因此，这种审计程序为销售收入和销售成本的完整性、截止、分摊、准确性和分摊认定，以及产成品存货的完整性、截止和存在认定同时提供证据。

像存货的控制测试和交易的实质性测试与存货账户余额细节测试的整合一样，审计人员也可以将存货账户余额细节测试与为满足列报和披露相关的审计目标而执行的测试整合在一起。企业会计准则要求在报表附注中披露存货计价方法和其他与存货相关的信息，所以审计人员应该了解与被审计单位的存货披露相关的控制，并就这些控制执行控制测试和其他实质性测试，以获得满足列报与披露目标的充分、适当的证据。

| 参考文献 |

[1] 阿尔文·A·阿伦斯，兰德尔·J·埃尔德，马克·S·比斯利. 审计学：一种整合方法 [M]. 谢盛纹，译. 14 版. 北京：中国人民大学出版社，2013.

[2] 文森特·M·奥赖利，巴里·N·威诺格拉德，詹姆斯·S·格尔森，等. 蒙哥马利审计学 [M]. 刘霄仑，陈关亭，译. 12 版. 北京：中信出版社，2007.

[3] 卞毓宁. 审计学原理与实务 [M]. 北京：清华大学出版社，2010.

[4] 黄良杰. 审计 [M]. 北京：清华大学出版社，2009.

[5] 惠廷顿，帕尼. 审计与其他保证服务 [M]. 萧英达，译. 北京：机械工业出版社，2003.

[6] 高贵鎏，蒋国发. 企业财务审计 [M]. 北京：清华大学出版社，2015.

[7] 李若山，刘大贤. 审计学：案例与教学 [M]. 北京：经济科学出版社，2000.

[8] 李若山. 审计案例 [M]. 沈阳：辽宁人民出版社，1998.

[9] 刘圣妮. 注册会计师考试应试指导及全真模拟测试·审计 [M]. 北京：北京大学出版社，2014.

[10] 刘明辉. 审计 [M]. 大连：东北财经大学，2011.

[11] 刘明辉. 高级审计研究 [M]. 2 版. 大连：东北财经大学出版社，2013.

[12] 林丽文. 企业会计报表审计方法与实务 [M]. 北京：中国市场出版社，2008.

[13] 马春静，高俊莲，林丽. 新编审计原理与实务 [M]. 4 版. 大连：大

连理工大学出版社，2010.

[14] 企业会计准则编审委员会. 企业会计准则：2012 年［M］. 上海：立
信会计出版社，2012.

[15] 孙晶. 审计基础与实务［M］. 北京：中国人民大学出版社，2009.

[16] 中国法制出版社. 中华人民共和国国家审计准则［M］. 北京：中国法
制出版社，2010.

[17] 中国法制出版社，人力资源和社会保障部审计专业技术资格考试办公
室. 审计理论与实务［M］. 北京：中国时代经济出版社，2013.

[18] 审计署考试中心. 审计专业技术资格考试复习指南［M］. 北京：中国
时代经济出版社，2013.

[19] 王振林，陈希晖. 货币资金审计［M］. 北京：中国时代经济出版社，
2004.

[20] 王会金. 现代企业财务审计［M］. 北京：中国财政经济出版社，2010.

[21] 杨闻萍. 审计［M］. 北京：中国人民大学出版社，2008.

[22] 叶忠明，阮滢. 审计学［M］. 北京：首都经济贸易大学出版社，2010.

[23] 项俊波，文硕，曹大宽. 审计史［M］. 北京：中国时代经济出版社，
2001.

[24] 邢淑清，房敏鹰. 审计原理与实务［M］. 北京：中国建材工业出版
社，2015.

[25] 夏赛莲. 审计实务项目化教程［M］. 北京：电子工业出版社，2015.

[26] 中国注册会计师协会. 审计［M］. 北京：中国财政经济出版社，2014.

[27] 中华会计网校. 审计（应试指南）［M］. 北京：人民出版社，2014.

[28] 中国注册会计师协会. 中国注册会计师执业准则 2010［M］. 北京：
经济科学出版社，2010.

[29] 中国内部审计协会. 中国内部审计准则［M］. 北京：中国内部审计协
会，2013.

[30] 中国注册会计师协会. 审计［M］. 北京：经济科学出版社，2014.

[31] 中华人民共和国财政部. 企业会计准则（2006）［M］. 北京：经济科
学出版社，2006.

[32] 中国注册会计师协会，中华人民共和国财政部. 中国注册会计师执业

准则（2010）［M］. 北京：经济科学出版社，2010.

［33］中国注册会计师协会. 中国注册会计师职业道德守则［M］. 北京：中国财政经济出版社，2009.

［34］中国注册会计师协会. 经济法规汇编［M］. 北京：中国财政经济出版社，2007.

［35］张继勋. 审计学［M］. 北京：清华大学出版社，2008.